Arthur Maibach

Ein Kriegsopfer aus Einigen
Die Schlacht am Grauholz 1798

Arthur Maibach

Ein Kriegsopfer aus Einigen

Die Schlacht am Grauholz 1798

Werden Denkmäler instrumentalisiert?

Genealogisch-Historische Veröffentlichungen

1

Rediroma-Verlag

Bibliografische Information der Deutschen Nationalbibliothek:
Die Deutsche Nationalbibliothek verzeichnet diese Publikation in der Deutschen Nationalbibliografie; detaillierte bibliografische Daten sind im Internet über http://dnb.ddb.de abrufbar.

ISBN 978-3-96103-393-5

www.rediroma-verlag.de
13,95 Euro (D)
15,00 CHF

Dieses Buch widme ich
Christian Wittwer aus Einigen
Jacob Barben aus Spiez
und
Hans Maybacher aus Dürrenroth

Inhalt

Vorwort

Mit dieser neuen Reihe **Genealogisch-Historische Veröffentlichungen** will ich denen ein „Wortdenkmal“ setzen, welche vergessen wurden. Es sind Menschen, die aus eigener Kraft oder durch gewisse Umstände etwas Besonderes Vollbracht haben: Menschen, die es verdient haben, nicht in Vergessenheit zu geraten und deren Leben und Werk sich lohnt, gewürdigt zu werden. Mein Forschungsgebiet ist vorerst der kleine Ort Einigen am Thunersee, wird sich möglicherweise aber in die Region ausweiten. Auch wenn ich über Menschen schreibe, werden auch in dieser Reihe, wie schon bei den fünf Bändchen „Spiezer Veröffentlichungen zu Geschichte und Heimatkunde“, keine Bilder erscheinen. Zum einen, weil es zu vielen dieser Persönlichkeiten keine Bilder gibt, zum anderen will ich, dass sich die Leserin, der Leser aus meinen Worten selbst Bilder machen kann.

Auch werde ich weiterhin Themen aufgreifen, die über die Bäuertgrenze, die Kantonsgrenze, aber auch über die Landesgrenze hinausgehen. Und ich werde weiterhin Dinge unter dem Teppich hervorkehren, die andere Menschen gerne im Verborgenen lassen würden, und historische Themen werden nach Möglichkeit mit der Gegenwart verknüpft.

Zur Frage, warum meine Bücher so schmal sind, kann ich Folgendes sagen: Mein erstes Buch, „Ein Schriftsteller zwischen Wien, Hollywood und Einigen“ mit 228 Seiten, war die absolut oberste Grenze, dass es noch gelesen wird. Da ich keine Romane oder Krimis schreibe, die leicht und schnell gelesen werden, jedoch den Wunsch habe, dass auch Geschichte als spannend empfunden werden kann, schreibe ich in einer einfachen und gut zu verstehenden Sprache. Ich versuche schnell auf den Punkt zu kommen und will mit wenigen Worten viel mitteilen. So hoffe ich, dass diese neue Serie den Leserinnen und Lesern viel Freude bereitet und die Spannung und das Interesse bis zur letzten Seite anhält.

Auch will ich nicht unterlassen, meinen Schreibstil zu erörtern. Schreiben ist wie ein Bild malen, nur male ich nicht mit Farbe, sondern mit Wörtern. Da ich sehr viele Texte aus der Zeit von Mitte des 19. bis Anfang des 20. Jahrhundert lese, habe ich mir ein „antiquiertes“ Schreiben angeeignet, was sich in meiner Wortwahl, Schreibart und Satzbildung widerspiegelt. An dieser Stelle will ich meinem Lektor Stephan Arnold von Herzen danken, dass er meine Schreib- und sonstigen Fehler korrigiert, jedoch meinen Schreibstil unberührt lässt. Auch danke ich Herrn Bieter vom Rediroma-Verlag für all die Geduld, die er mit mir hat und wie er meine geschriebenen „Bilder“ veredelt.

Einigen, im April, 2018
Arthur Maibach

Einleitung

Das meistbesuchte Denkmal in der Schweiz ist das mit dem sterbenden Löwen in Luzern. Doch nur die wenigsten kennen die tragische Geschichte, welche zu diesem Mahnmal führte. Und mit sehr grosser Wahrscheinlichkeit kennt fast niemand die Namen der über 700 Opfer, denen dieses Denkmal zum Gedenken errichtet wurde. In Luzern, wo der sterbende Löwe Millionen von Besucher in den Bann zieht, sucht man ohne Erfolg nach den Namen der massakrierten Gardisten. In der Steigerkapelle im Berner Münster fand ich die Gedenktafeln zur Schlacht am Grauholz. Das Denkmal, eine frei stehende Pietà aus weissem Marmor, dahinter das Grabmal des Schultheissen Niclaus Friderich von Steiger, sowie die sechs Gedenktafeln, mit den Namen aller Opfer. Obschon das Denkmal in Bern die Namen der Gefallenen in schwarzen Marmor gemeisselt erwähnt, wird es nur sehr wenig beachtet. Wenn jedoch Namen in Stein gehauen werden, möchten diese Steine sprechen, sprechen durch den Betrachter dieser Schriften. Wer den Namen eines Verstorbenen ausspricht, lässt ihn wieder „leben“ und bewahrt ihn vor dem Vergessen. Das Aussprechen eines Namens ruft diese verstorbene Person und ihre Geschichte zurück in die Gegenwart. Von den über 600 Namen, die darauf warten, ausgesprochen zu werden, sind mir zwei Orte mit den dazugehörenden Namen besonders aufgefallen. Obschon noch einige andere Orte und Namen mein Interesse weckten, wird auf diese in der vorliegenden Arbeit nicht weiter eingegangen. Jedoch möchte ich noch einen Namen erwähnen, den ich auf den schwarzen Marmortafeln fand: Maibacher Hans, Dürrenroth. Es besteht durchaus die Möglichkeit, dass dieser Gardist mit meiner Abstammung in Verbindung steht.

Bevor ich mich jedoch den Geschehnissen am Grauholz zuwende, werde ich mit dem 10. August 1792 beginnen, einem Tag, der zu den schrecklichsten Tagen der Gardisten aus der Schweiz in die Geschichte einging. Es ist der Tag, der das vorläufige Ende der Schweizer Söldner besiegelte. Damit am 12. September 1848 die erste Bundesverfassung der Schweizerischen Eidgenossenschaft herausgegeben werden konnte, mussten auf den Schlachtfeldern im In- und Ausland tausende Männer sterben, einer auch aus Einigen.

Möge diese kleine Schrift dazu dienen, derer zu gedenken, die ihr Leben sinnlos hingeben mussten, und ihre Namen laut auszusprechen, um sie vor dem Vergessen zu bewahren.

Quellenlage und Fragestellung

Wer in der Schweiz nach Helden sucht, wird sehr schnell fündig. Sind doch die Sagen, oder besser gesagt die „Märchen“ vom Apfel schiessenden Tell und des Speere ergreifenden Winkelried bis zum heutigern Tag in aller Munde. Jedoch werden die wahren und gut dokumentierten Geschehnisse, bei denen keine Helden zu rühmen sind, gerne verschwiegen. So sehe ich nur in fragende Gesichter, wenn ich nach der Schlacht am Grauholz frage. Zum Massaker im Schloss der Tuilerien wissen auch die Besucher des Löwen-Denkmals in Luzern nichts zu berichten. Und das nur, weil nicht sein kann, was nicht sein darf. So feiert die Schweiz seit 1891 einen Nationalfeiertag, den 1. August, der auf ein sehr fragwürdiges Dokument aufgebaut ist, jedoch mit Heldentum in Verbindung steht. Der Tag, an dem die erste Bundesverfassung der gesamten Schweiz der Öffentlichkeit vorgelegt wurde, der 12. September 1848, wird gerne verschwiegen. Dabei ist das der einzige und richtige Nationalfeiertag.

Um diese Worte schreiben zu können, habe ich Quellen beigezogen, Quellen, die auch die Grundlage für dieses Büchlein sind. Die Kirchenbücher der Gemeinde Spiez gehören zu den wichtigsten Quellen für diese Arbeit. Aber auch Berichte und Texte von Augenzeugen, welche ich in folgenden

Büchern fand: aus dem Jahr 1886 „Die letzten Tage des Alten Bern“ von Carl Müller; aus dem Jahr 1892 „Das französische Schweizer-Garderegiment am 10. August 1792“ von Wolfgang Friedrich von Mülinen und aus dem Jahr 1898 „Die Märztage des Jahres 1798“ von Major Dr. Badertscher.

Das Ziel dieses Büchleins ist aufzuzeigen, dass die wahren Helden keine grossen Namen tragen. Helden wurden oft von Menschen gemacht, um von der Wahrheit abzulenken, um etwas darzustellen, was man gerne hätte. Nur so ist es möglich, dass ein Roman von Friedrich Schiller seit über hundert Jahren auf der Freilichtbühne in Interlaken aufgeführt wird. Eine vom Dichterfürst wunderbar gestaltete Geschichte, zu der es absolut keine historischen Quellen gibt. Wenn nun aber eine solche Geschichte so lange Zeit dargeboten wird, soll es doch bis zum heutigen Tag Leute geben, die der Meinung sind, es habe sich wirklich so abgespielt. So stehen etliche Denkmäler in der Schweiz, welche versuchen, Helden zu ehren, die es in Wahrheit jedoch nie gab. Demgegenüber stehen wahre Begebenheiten, welche mit allen Mitteln verschwiegen werden. So musste ein Mann aus dem kleinen Ort Einigen, einem Ort mit 29 Häusern, sein Leben auf dem Schlachtfeld für eine unnütze Auseinandersetzung hingeben.

Die Fragestellung führt von einem Kriegsopfer aus dem kleinen beschaulichen Einigen am Thunersee zum Grauholz, wo Bern eine Schlacht, ihre Stadt und die Staatskasse verlor. Um auf diese Fragen eine Antwort zu geben, müssen wir bei der Reformation beginnen, die Französische Revolution miteinbeziehen und die Regierung von Bern in Augenschein nehmen. Auch stellt sich die Frage, wie stark der Zusammenhalt der alten Eidgenossen war, ob das Wort Eidgenossen seine Berechtigung hatte und wie der Zusammenhalt im Ernstfall wirklich war. Auch der Umgang der Soldaten mit ihren Offizieren wird in Frage gestellt. Der Abschluss dieser kleinen Schrift macht ein Kapitel zur Frage: „Lügen die Denkmäler?“ Was zur Frage führt: Lügt die Geschichtsschreibung?

Ich versuche einige Fragen in den Raum zu stellen und hoffe, dass offen und nicht mit voreingenommenen, festgefahrenen Meinungen über diese Thesen nachgedacht wird. So stellt sich auch die Frage, ob die Schweiz den richtigen Tag für die Nationalfeier ausgesucht hat. Es werden keine Antworten auf all diese Fragen gegeben. Jedoch sollen diese Zeilen zum Nachdenken, zum Diskutieren und Hinterfragen anregen.

Von der Reformation bis zur Revolution

Verschiedene von Menschen gemachte Begebenheiten veranlassen die Bevölkerung oft zu einer Umkehr, zu einer Reformation oder Revolution. Das Wort Reformation setzt sich aus dem lateinischen *re* und *formare* zusammen, *re* bedeutet „zurück, wieder" und *formare* „ordnen, einrichten, gestalten". So wollten die Reformatoren ein Zurück zur Urkirche, was sie jedoch nicht machten. Darum wird das Wort Reformation mit „verbessern, erneuern oder neu gestalten" dargestellt. Die wahren Reformatoren, die Täufer, wurden jedoch von der neuen reformierten Kirche und dem Staate vertrieben, eingekerkert, bestraft, auf die Galeeren verbannt oder hingerichtet. Aus diesem Grunde sollte das Wort Reformation mit dem Wort Glaubensspaltung ausgetauscht werden. Was 1517 mit Martin Luther in Wittenberg begann, mit Ulrich Zwingli in Zürich um 1523 eine Fortsetzung fand und auch Bern im Jahr 1528 zur Reformation führte, wird bis zum heutigen Tag mit dem falschen Wort bezeichnet. So verhält es sich auch mit dem Wort Revolution, das im „Herkunftswörterbuch des Duden" folgendermassen erläutert wird: *„Revolte: Das Fremdwort für „Aufruhr, bewaffneter Aufstand (einer kleinen Gruppe)" wurde im 17. Jahrhundert aus gleichbedeutendem französischen „révolte" entlehnt, das von frz. ré-*

volter „zurückwälzen, umwälzen, aufwiegeln, empören“ abgeleitet ist. Daraus wurde im 17. Jahrhundert unser Verb revoltieren „an einer Revolte teilnehmen; sich empören“ übernommen. – Frz. révolter geht über im italienischen rivoltare „umdrehen, umwenden; empören“ auf lat. re-volvitare zurück, eine Intensivbildung zu lat. re-volvere „zurückrollen; zurückdrehen“. (...) – Zum gleichen lat. Verb (re-volvere) gehört das Fremdwort ***Revolution*** *„gewaltsamer Umsturz der bestehenden politischen oder sozialen Ordnung; umstürzende Neuerung“. (...) Die heute vorherrschende Verwendung des Wortes im Sinne von „gewaltsamer Umsturz“ kam im 18. Jahrhundert, unter dem Einfluss von entsprechend frz. révolution auf.*[1]

Dass ich mit der Reformation beginne, ist damit zu erörtern, dass der Buchdruck, ohne den die Reformation nicht möglich gewesen wäre und die Glaubensspaltung, welche sich über das damalige Heilige Römische Reich Deutscher Nation ausbreitete, wahrscheinlich nicht zur französischen Revolution gekommen wäre. Die Auswirkungen der Reformation, die Unterdrückung der Täufer und die Hinrichtung eines Mannes aus Einigen, wurde im Büchlein „Eine Hinrichtung in Einigen?“ ausführlich beschrieben. Dass nun auch die Revolution, die Auswirkungen der französischen

[1] Duden, das Herkunftswörterbuch, 4. Auflage, Dudenverlag Mannheim – Zürich, 2007, Seite 673

Revolution, wieder einem Mann aus Einigen das Leben kostete, wird nachfolgend beschrieben.

Die Französische Revolution war das Ergebnis der ständigen Kriege und der verschwenderischen Hofhaltung, welche die Finanzen des Landes überspannten. Obschon Ludwig XIV. als starker König dem Lande vorstand und dieses zum Muster des modernen Staates machte, hinterliess er am Ende seiner langen Regierungszeit (1663-1715) ein zutiefst erschöpftes Land. Sein Nachfolger, Ludwig XV., war ein sehr schwacher König, der seinen Aufgaben nicht gewachsen war. Er regierte bis 1774 und erschütterte das Prestige des Königtums aufs Schwerste. Sein Nachfolger wurde der erst 20-jährige Ludwig XVI., der nur unzureichend auf das Amt vorbereitet war.

Um zu verstehen, was zur Revolution führte, müssen wir uns kurz mit der Gesellschaftsstruktur Frankreichs beschäftigen. Die Dreiteilung der Gesellschaft gliederte sich in Adel, Klerus (Geistlichkeit) und Dritter Stand. Wobei Adel und Klerus nur 2% der Bevölkerung stellten, besassen sie zwei Drittel des Bodens. Das bedeutet, dass 98% der Bevölkerung mit einem Drittel des Landes auskommen mussten, wobei es auch im Dritten Stand grosse Unterschiede gab, von extrem reich bis sehr arm. Auch hatte der Dritte Stand keine politischen Rechte und nur sie mussten Steuern zahlen.

Der Auslöser der Revolution war eine pompöse Hofhaltung, die dauernden kriegerischen Auseinandersetzungen mit anderen europäischen Staaten, teure Kredite, ein ungerechtes Steuersystem, die Verschuldung des Staates und zweimaliger Staatsbankrot. Ein aufgeblähter Beamtenapparat ruinierte die Staatsfinanzen, sodass die Steuern und Abgaben ins Astronomische anstiegen. Die Folgen waren Armut und Hunger. Die Bauern erzielten für ihre Produkte immer weniger Geld, dazu kam 1788 eine durch Unwetter bedingte Missernte. Hunderttausende brachte dies an den Rand des Hungertodes und viele Hunderte starben den Hungertod.

Der König, der den Markt steuerte, liess die Getreidepreise ansteigen, sodass wieder die Bewohner des Landes die Hauptleidtragenden waren. Eine Steuererhöhung in Zeiten der grössten Armut, bei der auch der Adel zur Kasse gebeten wurde, brachte das Fass beinahe zum Überlaufen. So erklärten sich am 17. Juni 1789 die Abgeordneten das Dritten Standes in der Nationalversammlung als die rechtmässige Vertretung. Am 20. Juni folgte der Ballhausschwur, die Abgeordneten des Dritten Standes schworen, nicht eher auseinander zu gehen, bis Frankreich eine neue Verfassung habe. Das führte am 14. Juli 1789 zum Sturm auf die Bastille, dem Staatsgefängnis, dem Symbol des verhassten absolutistischen Regimes.

Danach folgten im Sommer Plünderungen und Brandschatzungen im ganzen Land, welche besonders Klöster und Schlösser betraf. Am 4. August 1789 folgte die Abschaffung aller feudalen Rechte durch die Nationalversammlung auf Antrag des Ersten und Zweiten Standes. Eine Kommission zur Ausarbeitung einer Verfassung wurde eingesetzt. Nach der Erklärung der Menschen- und Bürgerrechte am 26. August 1789 zogen die Pariser Frauen am 5.Oktober nach Versailles, wegen Brotmangels und um die Unterzeichnung der Beschlüsse des 4. August durch den König zu erreichen. Über die Ankunft und das Verhalten der Demonstranten in Versailles berichtet folgender Text:

„Wir assen bei Monsieur de Servan zu Mittag, in dem Palais, das die Petites-Ecuires heisst und wo er als Hofmeister der Pagen eine Wohnung hat. Von den Fenstern, die den ganzen grossen Platz beherrschen, sahen wir die Menge aus Paris ankommen, die Fischweiber, die Lastträger der Markthalle; und alle verlangten Brot. Das Regiment Flandern und die Bürgerwehr von Versailles waren ausserhalb der äusseren Einfriedung des Schlosses aufgestellt; die Königliche Garde zu Fuss und zu Pferde stand innerhalb der Einzäunung des grossen und kleinen Hofes. Es gab tumultuarische Auftritte, die wir nicht genau erkennen konnten. Mirabeau blieb nicht lange bei uns;

ich glaube sogar, mich zu erinnern, dass er nicht bei Servan dinierte. Obgleich die Menge gross war und niemand wusste, was noch geschehen konnte, spazierten wir überall umher, sahen in abgelegenen Strassen königliche Wagen fahren und meinten, es handele sich darum, die königliche Familie fortzubringen. Müde vom Umherstreifen kam ich gegen acht Uhr abends in die Nationalversammlung. Sie bot ein merkwürdiges Schauspiel. Das Pariser Volk war dort eingedrungen, sogar die Umgänge waren besetzt. Die Galerien waren besetzt mit Weibern und Männern, die mit Hellebarden, Stöcken und Piken bewaffnet waren. Die Sitzung war unterbrochen worden; der Präsident wurde jedoch im Namen des Königs gebeten, eine Deputation ins Schloss zu schicken und die Versammlung unbegrenzt tagen zu lassen. Ich suchte Mirabeau auf, der, obgleich es noch nicht elf Uhr war, schon zu Bett gegangen war. Als wir dann schliesslich in die Versammlung kamen, wo der Präsident sich vergeblich abmühte, Ruhe zu schaffen, erhob Mirabeau seine alles übertönende Stimme und forderte den Präsidenten auf, der Versammlung Respekt zu verschaffen und alle Fremden aufzufordern, sich zu entfernen. Bei seiner Volkstümlichkeit hatte er Erfolg mit seinen Worten. Nach und nach zog sich die Menge zurück, und die Deputierten berieten ruhig über einige Punkte des Strafgesetzbuches. Ich stand auf einer Galerie, wo ein Fischweib sich mit einer überlegenen Autorität betätigte und ungefähr hundert Weiber, vor allem junge Personen, dirigierte, die ihre Befehle erwarteten, um zu schreien oder zu schweigen. Sie rief ungeniert die Deputierten an und fragte: „Wer redet denn da hinten? Lasst den Schwätzer den Mund halten! Darum handelt es sich gar nicht, es handelt sich darum, Brot zu bekommen. Man soll unser Mütterchen Mirabeau sprechen lassen, wir wollen ihn hören ...“ Ihre ganze Gesellschaft schrie: „Unser Mütterchen Mirabeau!“ (Das war damals bei den Leuten jener Klasse ein Kosewort für Mirabeau.) Aber Mirabeau war nicht der Mann, der bei solchen Gelegenheiten seine Kräfte verschwendete, und seine Beliebtheit beim Volk war, wie er sagte, nicht Beliebtheit beim Pöbel.

Gegen Mitternacht kündigte ein Adjutant von Lafayette dessen Ankunft an der Spitze der Pariser Nationalgarde an, und nun glaubte man sich unter seinem Schutz in Sicherheit, seine Soldaten hatten erneut den Treueid auf Gesetz und König abgelegt, und die Menge begann sich zu beruhigen auf die Versicherung hin, die der König gegeben hatte (nämlich in Paris seinen Wohnsitz zu nehmen F:K) und die fürsorglich verbreitet worden war.“[2]

[2] Zit. Nach: Geschichtliche Weltkunde, Bd. 2 Quellenlesebuch, Hrsg.: Wilfried Danner, Frankfurt/M 1980, S. 154 ff. (SGD, GAB02, S. 71-72)

Soweit aus einem Text zur Besetzung der Nationalversammlung durch Pariser Demonstranten, 1789.

Am 5. Juni 1791 flüchtete der König aus Paris, wurde bei Verennes verhaftet und im königlichen Schloss in Paris unter Hausarrest gesetzt. Am 3. September 1791 wurde die neue Verfassung verabschiedet, welche weitgehend den revolutionären Zielen des Besitzbürgertums entsprach. Die kleinen Leute kämpften für die Freiheit, genutzt hatte es aber nur den wohlhabenden Bürgern. Die Dinge nahmen ihren Lauf, die Henker mussten ihrer traurigen Arbeit nachgehen und der Pöbel jubelte bei jedem Kopf, der durch das Fallbeil abgetrennt in den blutigen Korb rollte. Das Revolutionstribunal sprach das Urteil wegen Hochverrat gegen den König Ludwig XVI. aus und er wurde am 21. Januar 1793 hingerichtet. Später wurde auch die Königin Marie Antoinette unters Fallbeil geschoben und unter dem grossen Jubel der Pariser Bevölkerung enthauptet.

Dass auch die Schweiz, Schweizer Gardisten, eine grosse und wichtige Rolle zur Zeit der französischen Revolution spielte, welche am 10. August 1792 ein trauriges Ende fand, sehen wir im nächsten Kapitel.

Massaker im Schloss der Tuilerien

Am 28. März 1798 erlag Christian Witwer den schweren Verletzungen, die er sich am 5. März 1798 zuzog. Was war geschehen? Um eine Antwort auf diese und viele andere Fragen zu erhalten, müssen wir ins Jahr 1792 zurückgehen. *„Kein frohes Fest begleiten diese Seiten; das Ereignis, an das sie erinnern, ist vielmehr ein düsteres und trauriges. Von mannhafter Tat der Schweizer sprechen wir, die sich einem fremden Kriegsherrn gelobt, weil in der Heimat für ihr Handwerk kein Raum war, aber nicht von der Siegesfreude oder ehrenvollem Rückzuge, weder von Rossbach noch von Malplaquet, von Baylen noch der Beresina, von Neapel noch Messina.*

Von all diesen Tagen unterscheidet sich der 10 August 1792. Unmenschlich war der Gegner, der ihren Untergang beschlossen und beschworen hatte. Vor dem sicheren Tode blieb die Garde treu der eigenen Ehre und dem König. Ob die Schweizer für eine verlorene Sache fochten, durften sie nicht erwägen; sie waren Soldaten und gehorchten dem Befehl. Sie fielen – und niemand rächte sie. Beschämend ist es, dass sich die Heimat ihrer nicht annahm.

Vergeblich ist ihr Blut deswegen nicht geflossen. Hohe Achtung erwarb ihr Heldentum ihrem ganzen Volke. Kein Zufall war es, dass der Mann

Zeuge ihres Untergangs war, der bald darauf das alte Europa seinem Herrscherwillen unterwarf. Als er der Schweiz begegnete, setzte er genialen Blickes und nachsichtig wie gegen kein anderes Volk ihren Wirren Ziel und Ende.[3]

Mit diesen Worten beginnt der Privatdozent der Geschichte an der Universität Bern, Dr. Wolfgang Friedrich von Mülinen, sein Buch zum Massaker im Schloss der Tuilerien.

Seit dem fünfzehnten Jahrhundert nahmen kriegerische Schweizer, ihrer Neigung folgend, Dienste im Auslande. Die bevorzugteste Stellung genossen sie in Frankreich, mit dessen Königen die Eidgenossenschaft während dreier Jahrhunderte auf das engste befreundet war.

Im Jahr 1616 wurde das Garderegiment errichtet, das sich noch grösserer Auszeichnung als die anderen Schweizerregimenter erfreute, dem im Rang nur das französische Garderegiment vorging. (...) Die grossen Schlachten Ludwigs XIV. und Ludwigs XV. wurden mit Hilfe der Schweizertruppen geschlagen und dabei blieb die Garde nicht hinter den anderen Regimentern zurück. Die herbste Prüfung aber wurde der Garde, als die neuen Ideen in Frankreich zum Durchbruch gelangten, als die Revolution über das „schöne Kö-

[3] Wolfgang Friedrich von Mülinen, Das französische Schweizer-Garderegiment am 10. August 1792, Luzern, Druck und Verlag von Gebrüder Räber, 1892, S. V.-VI.

nigreich" hereinbrach. Die zweite Nationalversammlung, die Legislative, schien es sich angelegen sein zu lassen, alle Bande der Gesetze und Ordnung aufzulösen. (...) Auch die Armee, des Königs letzte Stütze, war von dem neuen unruhigen Geiste angesteckt; sogar unter den Schweizern brachen Meutereien aus. Um den König der Armee zu berauben, unterstellte man diese eidlich der Nationalversammlung, löste alle Garden auf – nur die Schweizer nicht, um sich nicht mit den Eidgenossen zu verfeinden -, entfernte die Truppen von Paris und desorganisierte sie auf alle Weise. Dagegen bedurften die Revolutionsmänner selbst einer ergebenen Truppe. Angeblich zum Verbrüderungsfeste des 14. Juli 1792 liess man aus jedem französischen Canton fünf „Föderierte", im ganzen 20'000 Mann nach Paris kommen, eine Elite, auf die man sich unbedingt verlassen konnte. (...) Von allen Seiten rückten sie nach Paris. Das neue Lied des Rouget de l'isle singend, das bald seinen Siegesmarsch durch ganz Europa antrat, rückten die Marseiller in Paris ein. Sie waren nach vielen übereinstimmenden Berichten, der Abschaum der Menschheit. Vor ihnen her ging das Gerücht, ihr Zweck sei die Entwaffnung der Schweizer. Der Hauptmann von Erlach schrieb am 1. August 1792 dem Schultheissen von Mülinen nach Bern: „Die Föderierten von Marseille, die vorgestern 500 Mann stark angekommen sind, heben ganz gewiss den Zweck, unsere Unruhen zu vermehren. Schon sind mehrere Burger, Nationalgardisten, von ihnen am hellen Tage massacriert und verwundet worden. Das Volk, weit entfernt, sie zu hindern, hat sich ihnen angeschlossen und die Nationalversammlung ist auf die Kunde dieser Greuel zur Tagesordnung geschritten. Urteilt, mein Herr, über die schreckliche Lage des Schlosses inmitten dieser Unruhen. Ihre einzige Hoffnung beruht im Garderegiment der Schweizer. Man lässt es uns wohl wissen und wir hoffen, es sei nicht vergeblich. Vorgestern hatten der König und die Königin die Güte, mich und zwei meiner Kameraden, die wir im Augenblick der grössten Störung in den inneren Gemächern waren, wissen zu lassen, wie gross ihre Besorgtheit und ihre Empfänglichkeit für unsere Haltung sei. Die Marseiller Föderierten haben erklärt, eine ihrer Absichten sei die Entwaffnung des Schweizer-Gardenregiments; aber man ist sehr entschlossen. Ihnen die Waffen nur mit dem Leben zu lassen."[4]

Der 10. August 1792 wurde zu einem der blutigsten des Schweizer-Garderegiments und ging als „Massaker im Schloss der Tuilerien" in die Geschichte ein. Etwa 700 Schweizergardisten, mit nur wenig Munition bestückt und unter zweifelhafter Führung, wurden aufs brutalste niedergemetzelt. Ein junger Augenzeuge, der später zum

[4] Von Mülinen, S. 1-5

Schicksal der Schweiz wurde, schrieb am 3. August 1816 auf der öden Insel St Helena seine Eindrücke und Erlebnisse des 10. August 1792:

Ich wohnte in jener Zeit in Paris, rue de Mail, place de Victories. Auf das Sturmläuten und die Kunde vom Angriff auf die Tuilerien eilte ich zum Carrousel zu Fauvelet, Bouriennes Bruder, der dort ein Möbelmagazin hatte. Von diesem Hause konnte ich sehr bequem alle Einzelheiten des Tages sehen. Bevor ich zum Carrousel kam, begegnete mir in der Strasse der Petits-Champ ein Haufe von Männern, die auf einer Pike einen Kopf trugen. Da sie mich anständig gekleidet sahen und fanden, mein Aussehen sei das eines Herrn, kamen sie zu mir, um mich „es lebe die Nation" rufen zu lassen. Ich tat es gern, wie man es denken kann.

Das Schloss war von der abscheulichsten Canaille angegriffen. Der König hatte gewiss zu seiner Verteidigung wenigstens so viel Truppen, als später der Convent am 13. Vendémiaire, und dessen Feinde waren ganz anders discipliniert und zu fürchten. Der grösste Teil der Nationalgarde zeigte sich für den König; man ist ihm diese Gerechtigkeit schuldig.

Nach der Einnahme des Palastes und dem Wegzug des Königs in die Versammlung versuchte ich es, in den Garten zu gelangen. Niemals später hat mir irgend eines meiner Schlachtfelder die Vorstellung so vieler Leichen erzeugt, als da die

Menge der Schweizer zeigte; sei es, dass der kleine Raum ihre Zahl hervorhob, sei es, dass es mein erster Eindruck war. Ich sah Weiber auf den Leichen die ärgsten Schändlichkeiten begehen.[5]

Zum Schicksal von Hauptmann Von Erlach finden wir bei von Mülinen folgendes: *Man weiss nicht, was mit Ritter von Erlach geworden ist. Einige Briefe nennen ihn tot, andere in der Abtei gefangen – es kommt auf dasselbe hinaus, so schrieb Mallet du Pan am 18. August an Mounier. Lebend hat ihn niemand wieder gesehen. Ins Schloss kann er unmöglich zurückgekehrt sein, um an der Spitze seiner Truppen nach der Drehbrücke zu eilen, wo sie alle fielen. In die Versammlung gelangte er auch nicht. Er muss masscrirt worden sein. Als der Landvogt von Lausanne, Gabriel Albrecht von Erlach, sein Pflegvater, sein Ende vernahm, schrieb er an Mallet du Pan: „Ich hoffe, dass er zum Schlosse eilte und starb, indem er seine Pflicht erfüllte“. Es ist möglich, dass er einige Zeit sich verstecken konnte, - der Tapezierer Daigremont soll ihn zuerst gerettet haben. Auf Erlach soll sich beziehen, was Girtanner erzählt, ich weiss nicht, aus welcher zeitgenössischen Quelle: Die Föderirten fanden in einem Hause einen jungen schönen Schweizeroffizier versteckt. Sie zogen ihn hervor und befahlen seinen Bedienten, ihn zu frisieren. Dies geschah. Nun gab einer*

---

[5] von Mülinen, S. 54-55

der Mörder dem Bedienten eine kleine Handsäge und gebot ihm, den frisierten Kopf langsam abzusägen, denn, sprach er, dieser schöne Kopf wird sich auf der Pike gut ausnehmen und die Frisur darf ja nicht verdorben werden. Der Bediente weigerte sich und wurde sogleich in Stücke gehauen. Hierauf sägten zwei Weiber dem Offizier langsam den Kopf ab und steckten denselben auf eine Pike. In der Tat haben bekannte Erlachs erklärt. dass sie seinen Kopf auf einer Pike gesehen hätten.[6]

Die Möglichkeit, dass ihm diese schreckliche Tat angetan wurde, bestätigt das Etat der Officiere des Garderegiment, zusammengestellt aus den Etats in den Papieren d'Affrys, im Bundesarchiv, im bernischen und luzernischen Staatsarchiv und aus dem Compte général et définiv des Quartiermeisters Forestier vom 9. Februar. Unter der Rubrik „Hauptleute" finden wir folgenden Eintrag: „*Chevalier Karl von Erlach von Bern masscrirt*".

Soweit einige Berichte aus den mörderischen Tagen um den 10. August 1792. Der junge Augenzeuge war Napoleon, der am Tod des jungen Familienvaters aus Einigen mitverantwortlich war. Dass es in Bern ähnlich zuging wie in Frankreich, jedoch ohne König, beschreibt Major Dr. Badertscher ausführlich in seinem Buch: „Die Märztage des Jahres 1798".

---

6 von Mülinen, S. 31-32

Ferner das Grosstun mit seinem Reichtum war wirklich ein grosser und in allem, was man tat, sichtbarer Fehler der Berner. Auf Gesandtschaften, auf Tagsatzungen, auf Zollreisen, auf Holzaugen-scheinen, bei allen Ehrenallässen ward auf Kosten der Regierung kein Geld gespart und ein Aufwand gemacht, der gegen die Ökonomie der anderen Kantone auf eine für dieselben sehr demütigende und Neid erregende Weise abstach. Freilich war der Finanzstand des Kantons so, dass er es vermochte; freilich erforderte es die Gerechtigkeit, durch dergleichen Ausfluss-Kanäle das Geld wieder unter die erwerbende Klasse zu bringen und es so dem Lande wieder zu geben. Aber dieser Aufwand unterliess es nicht, bei den Eidgenossen Streit und bei den Fremden Staunen zu erregen.

(...) Überall wo sich der Berner öffentlich zeigte, oder zeigen musste, affektierte er eine Überfülle des Geldes. Auf Reisen, in Wirtshäusern, bei Anschaffungen von Mobilien, bei Verzierungen seiner Landhäuser, beim Spiele, bei öffentlichen Lustbarkeiten ward kein Geld geschont, und was am meisten kostete, war das liebste.[7]

---

[7] Major Dr. Badertscher, in Bern, Die Märztage des Jahres 1798, herausgegeben von Dr. Hans Balmer, in Bern, Verlag von Schmid & Franke, Bern 1898, Seite 12

Markante Worte, die aufzeigen, wie die Berner Obrigkeit mit Steuergeldern, welche sie von der hart arbeitenden Bevölkerung einnahmen, umzugehen pflegten. Aber auch: *Der Hang zum Müssiggang war in allen Klassen des Volkes zu Hause. Wer noch am meisten arbeitete, waren die Glieder des täglichen Rates, die von Morgen um 6 oder 7 Uhr an oft bis abends um 5 oder 6 Uhr vor Rat und in den Tribunalien, die sie präsidierten, arbeiteten; während viele Mitglieder des Grossen Rats, wenn ihnen nicht bei Eiden geboten ward, sich nicht einmal in den Ratssitzungen einfanden, für die, die sie von Amtes wegen zu sprechen hatten, fast nie zu Hause waren, sich durch ihre dazu abgerichteten Diener verleugnen liessen, oder zu allen Stunden des Tages ihre Langeweile in den öffentlichen Gesellschaftshäusern mit lesen der Zeitungen oder Plaudern zu vertreiben pflegten.*

So auch ihre Söhne, die, wenn sie einer Nomination gewiss oder beinahe gewiss zu sein glaubten, das wahre Bild des personifizierten Müssigganges vorstellen. Sobald sie unter den Händen des Perruquiers (denn der wurde ungeachtet der abgestutzten Haare noch immer gehalten) weg waren, so fand man sie zu halben Duzenden schon vormittags in den Arkaden. Und an den Ausgängen derselben versammelt, wo sie miteinander von den Neuigkeiten des Tages plauderten und jeder Weibsperson starr ins Gesicht sehend jeden Vorü-

bergehenden die Musterung passieren liessen, bis sie die Stunde des Mittagsmahles nach Hause rief. Sich mit den Geschäften und Grundsätzen der Regierung bekannt zu machen, die Landesgesetze, die vaterländische Geschichte, die eidgenössischen Verhältnisse und Bünde, die Schicksale und Taten der Republiken u.s.w. zu studieren und sich so auf ihren zukünftigen Beruf als Gesetzgeber vorzubereiten – dies kam den wenigsten in den Sinn. „Ich habe eine Nomination", dachte der junge Patrizier, oder: „Ich bin reich genug, eine Baretlitochter zu heiraten; was soll ich mich lange mit Studieren plagen – dies hilft ja zu nichts. Ich will dann das, was man wissen muss, schon nachholen; es gibt ja Ratsglieder und Landvögte die Menge, die nicht viel und ihre Sache doch nicht über machen", u.s.w. So wuchsen sie denn auf; waren sie einmal im Grossen Rate, so war an ein zweckmässiges Lesen und Studieren noch viel weniger zu denken. Zufrieden, wenn sie einmal den Schlendrian ergriffen hatten, fanden sie sich maschinenmässig in den Versammlungen ein, blieben aber davon weg, so oft sie es mit einigem Vorwande tun konnten, verlebten den Sommer auf ihren Landhäusern, liessen die Geschäfte gehen, wie sie wollten, mochten's wohl leiden, dass andere sich fast zu Tode arbeiteten. Unter allen Tagen des Magistratjahres war keiner ihnen wichtig, als der Donnerstag nach Ostern, wo man auf Ämter und Vogteien zog, und wo der Unwissendste, Unsittlichste und Unwürdigste durch das Los zum sechsjährigen Verwalter über das bürgerliche Glück von vielen oder doch mehreren Tausend Menschen erhoben werden konnte. Je ungeschickter nun der neue Landvogt war, desto grösser war die geheime Freude derer, welche ihn eben darum ganz von sich und von ihren Berichten abhängig machen zu können versichert waren. Woran aber manchem Landvogt auch nicht sonderlich viel gelegen war, insofern die Sachen nur gingen und das Einkommen, das zu beziehen er eigentlich gekommen war, ausfiel; denn das übrige alles war Nebensache.[8]

Dass eine Regierung, mit der oben erwähnten Moral, absolut keine Fähigkeit zum Regieren hatte, ist für jedermann klar ersichtlich. Das Ergebnis dieser liederlichen Regierungsarbeit liess nicht lange auf sich warten und führte zum letzten verzweifelten Schritt: der Abdankung der Regierung am Morgen des 4. März. Aber auch die grossen Mängel des damaligen schweizerischen Kriegswesens und eine rudimentäre militärische Ausbildung führten zum Tod eines schlecht ausgebildeten Mannes aus Einigen. Der Inf. Hauptmann Carl Müller befasste sich intensiv mit den Ereignissen um den 5. März 1798. In seiner Denkschrift, „Die letzten Tage des alten Bern“, gelingt es ihm, ohne

[8] Baderscher, Seite 14-16

etwas zu beschönigen oder schön zu reden, die Tatsachen zu benennen. Ich werde nun einige Auszüge aus seinem 1886 erschienen Buch zitieren. *Alle Kantone schienen den Staatsgrundsatz vergessen zu haben, dass nur eine Grenze – die der Schweiz – zu verteidigen war, und dass im Grunde keine Zürcher-, Berner-, und übrige Grenzen einen anderen Vorzug in der Verteidigung haben sollten, als die Grösse, Nähe und Gewissheit der Gefahr; sie vergassen, dass der Angriff eines Kantons ein Angriff auf die ganze Schweiz sei. (...) Es sei nur daran erinnert, dass es an einer eigentlichen obersten Bundesbehörde gänzlich fehlte. Denn die Tagsatzungen, welche die gemeineidgenössischen Interessen hätte wahren sollen, boten ein trauriges Bild kantonaler Engherzigkeit und statt dass sich in ihr eidgenössischer Gemeinsinn verkörpert hätte, war sie im Gegenteil ein Abbild das krassesten und kurzsichtigsten Föderalismus, und an ihrer ultraföderalistischen Beschränktheit prallten alle Versuche, dem absterbenden eidgenössischen Staatskörper neue Lebenskraft zu verleihen, fruchtlos ab. (...)* Zur Erinnerung, es dauerte noch 50 Jahre bis zur ersten Verfassung und der Gründung der Schweiz. *Die Leitung und Anordnung des Kriegswesens der einzelnen Kantone war schon seit langer Zeit einem Kriegsrate übertragen, welcher aus Mitgliedern der betreffenden Regierung bestand, die gewöhnlich zugleich Offiziere der Miliz waren und meistens in ausländischen Diensten gestanden hatten. Jeder Kanton, und selbst einige zugewandte Orte, hatten einen eigenen Kriegsrat. Ihre Verhandlungen bedurften mehr oder weniger der Genehmigung der Regierung oder des Volkes, um ausgeführt werden zu können. Die Besetzung der Stellen der Kriegsräte geschah fast durchgehendes nach Familien-Verhältnissen oder durchs Los und ohne Rücksicht auf Staats- und Kriegskenntnisse, welche doch vereint hier so unentbehrlich scheinen. Ein unverdächtiges Beispiel davon ist das naive Geständnis eines Berners: „Warum, sagt er, hat man mich zum Mitglied des Kriegsrates ernannt? Ich verstehe gar nichts davon; zwar schienen die Anderen eben so wenig zu wissen, sie sagen bei jedem Vorschlage, wie man ihn in Frankreich, in Piemont, in Holland, wo sie gedient haben, auszuführen pflegte. Endlich entfernt sich Einer nach dem Anderen, und es fehlt weiter nichts, als zu wissen, wie man es – hier machen soll“.*[9] Mit Kriegsgeräten und ohne Kenntnis, diese zu bedienen, war kein Krieg zu gewinnen. Auch schlugen von 1793 bis 1797 alle Versuche fehl, für einheitliche Kaliber und Munition zu sorgen. *Die Kriegsmacht der schweizerischen*

[9] Carl Müller, Die letzten Tage des Alten Bern, Kommissionsverlag von Nydegger & Baumgart, Bern 1886, Seite 22-24

Republiken bestand in der Miliz und in den auswärtigen Kriegsdiensten stehenden Schweizertruppen, die als Pflanzschulen guter Offiziere, tüchtiger Unteroffiziere und wohlgeübter Soldaten angesehen wurden. Aber auf Endzweck, auf fremde Kosten ein gutgeübtes Kriegsheer zu unterhalten, welches dem Vaterlande unstreitig von grosser Wichtigkeit und unendlichem Nutzen hätte sein sollen und sein können, ward durch die fremden Kriegsdienste fast gänzlich verfehlt.[10]

In der ganzen Eidgenossenschaft war jeder geborene Schweizer vom 16. bis zum 60. Jahr kriegspflichtig. (...) Die Waffenübungen waren durchgehend ungenügend. Seit jenen ruhmvollen Zeiten, wo die schweizerischen Milizen zahlreiche feindliche Heere besiegten und sich das Lob erwarben, die beste Infanterie zu sein, hatte sich das Verhältnis zwischen ihnen und den Kriegsheeren der europäischen Mächte völlig umgekehrt.[11] Am Geld hatte es jedenfalls nicht gelegen, um eine schlagkräftige Armee auszubilden und auszurüsten. *Man rühmte sich gerne der Millionen im Staatschatze. Aber statt sie bei Zeiten zum Nutzen und Frommen des Vaterlandes zu verwenden, liess man sie brach liegen.*[12]

---

[10] Müller, S. 26
[11] Müller, S. 27
[12] Müller, S. 28

Jeder Schweizer musste sich selbst auf eigene Kosten kleiden und bewaffnen. Er erhielt dafür keine Entschädigung; eben so wenig wie für die Zeitversäumnis bei den Musterungen und Exerzitien. Geschah dagegen ein Auszug, so erhielten die Auszüger eine Besoldung, die überall mehr als hinreichend für die Bedürfnisse eines Soldaten, bei einigen Kantonen und zugewandten Orten sogar übertrieben war. Diese Besoldung wurde bei jedem Auszug in jedem Kanton besonders bestimmt, so dass auch hierin die grösste Verschiedenheit herrschte. Dies musste notwendig den schädlichsten Einfluss auf die Gemüter der Soldaten haben, sie einander entfremden und unwillig machen, da sie alle denselben Dienst verrichten mussten und ebendenselben Gefahren ausgesetzt waren. Wenn also Kontingente von mehreren Kantonen vereinigt waren, so sah man keine Eidgenossen, keine Schweizer, sondern bloss Berner, Zürcher u.s.w.[13]

Da in gewöhnlichen Zeiten der Dienst in der Regel nur in eintägigen Musterungen und Exerzitien bestand, so war es kein Wunder, dass die Mannschaft von militärischer Ausdauer und Disziplin kaum eine Ahnung hatte und man den Militärdienst als eine Spielerei betrachtete. So konnte man dann auch einen längeren Dienst sich nur schwer an Entbehrungen gewöhnen. In den Kan-

---

13 Müller, S. 29

tonnirungsquartieren verlangte Jeder ein gutes Bett, Kaffee, Milch und Wein und murrte gleich bei Mangel oder auch nur bei Verzögerung derselben. Auf Märschen belästigte das Tragen des Gewehrs, des Tornisters und der Patronentasche: die Soldaten wurden gleich marode und wollten in allen Wirthäusern einkehren. Auf der Wache durfte es nie an Wein, Kirschwasser und Branntwein fehlen, und der Offizier, der sie am besten bewirtete war der beste.

Ein tief eingewurzeltes Vorurteil herrschte allgemein in der Schweiz: dass Saufgelage und andere Ausschweifungen notwendig zum Militärstande gehörten, und dass, sobald man in Uniform gekleidet sei, man sich denselben überlassen könne und müsse. Bei den Musterungen schien dies die Hauptsache, das Exerzieren aber die Nebensache zu sein. Da man aber im Felde nur zu viel Nachsicht dafür hatte, so musste dies notwendig Nachlässigkeit im Dienste und Unordnungen aller Art verursachen. Der Mangel an Manneszucht und die daraus hervorgehende Insubordination, in Friedenszeiten gepflanzt und geduldet, erzeugten dann im Kriege die schrecklichsten Folgen und waren, in Verbindung mit anderen Umständen, eine der Hauptursachen der unglücklichen Wendung der Vorfälle in den ersten Märztagen des Jahres 1798. Die Offiziere gaben eben sowohl Beispiele davon als die >Gemeinen<; Stolz,

Eifersucht und Eigenliebe waren die Triebfedern derselben; und wenn man hätte Disziplin einführen wollen, so musste ohne Ansehen des Ranges und des Namens mit grösster Strenge bei den Offizieren angefangen werden, weil der Soldat sich diese zum Beispiel nimmt. Das böse Beispiel der Insubordination und Indisziplin wurde im Jahre 1798 von oben herab gegeben. War es ein Wunder, dass da alle Bande militärischer Zucht und Ordnung gelöst wurden?

So beschaffen war im Jahre 1798 der Zustand des Kriegsheeres, das die Freiheit und Unabhängigkeit der Schweiz verteidigen sollte gegen den Feind, der seit sechs Jahren beständig glückliche Feldzüge geführt hatte, der dadurch zum geübten Krieger gebildet und gegen alle Beschwerlichkeiten abgehärtet war.[14]

Soweit ein kleiner Einblick in das Militär- und Verteidigungswesen einer uneinigen Eidgenossenschaft. Eines Volkes, welches Ruhm und Ehre in fremden Kriegsdiensten einheimste, jedoch nicht fähig war, seinen eigenen Boden zu verteidigen und als Eidgenossen miteinander die Stadt Bern zu verteidigen. Ein trauriger Haufen betrunkener, unfähiger, von den Eidgenossen allein gelassener, schlecht ausgebildeter Soldaten überliessen die Stadt dem übermächtigen Feind.

[14] Müller, S. 30-31

Der Franzoseneinfall, wie ihn der konservative Historiker Richard Feller nannte, war der Auftakt zur Helvetischen Republik und der Anfang vom Ende der alten Eidgenossenschaft. *Die Schweizerische Eidgenossenschaft sollte dem über Europa entfesselten Revolutionsorkan nicht entgehen. Sie hatte ein Jahrhundert in Sicherheit, Frieden und Prosperität gelebt, weil sie neutral blieb und sich weigerte, im Militärkarussell der Monarchen anders mitzumachen als durch Rekrutierung von Regimentern in fremden Diensten. Die Französische Revolution weckte anfänglich in verschiedenen Kreisen, sogar unter der Patrizierjugend, Sympathie und Begeisterung. Die regierende Schicht in der Schweiz war aber nicht fähig, die Möglichkeiten zu nutzen. Die <regimentsfähigen Familien> fühlten sich viel zu sehr mit dem gestürzten Adel Frankreichs verbunden. Der Revolution begegnete man mit blindem Hass statt mit kühl berechnender Vorsicht. Die Patrizierregierung Bern und die Zünfte Zürichs gingen mit harter Hand vor. Sie machte keine Konzessionen an die neuen Ideen und an die Unabhängigkeitsbestrebungen in den Untertanengebieten und bestraften die Rebellen streng. Die Unfähigkeit, Verwirrung und Tatenlosigkeit der Regierung führte 1798 zum Untergang der Alten Eidgenossenschaft.*

An einer Eroberung der Schweiz bestand in Frankreich ursprünglich gar kein Interesse, lediglich an ihrer „Revolutionierung". Verschiedene Faktoren führten aber allmählich einen Meinungsumschwung in Paris herbei. Im Zusammenhang mit seiner Expansions-politik und zweifelslos auf Veranlassung Bonapartes sah das französische Direktorium drei Gründe für eine Invasion.

-die strategische Lage der Alpen

-den Griff auf bedeutende Finanzreserven, besonders den Berner Staatsschatz

-den revolutionären Bekehrungseifer

Zu Beginn des Jahres 1798 entschloss sich Frankreich zu einer im Grunde überflüssigen militärischen Aktion gegen die Schweiz. Der kleine Feldzug ergab sich so gewissermassen aus den Umständen. Es war eine überaus bescheidene Armee von nur 40'000 Mann, die sich gegen die Westschweiz in Bewegung setzte. Waadt verkündete ihre Unabhängigkeit, Genf und der fürstbischöfliche Jura wurden Frankreich einverleibt. Dann wandte man sich gegen Bern. Zusammen mit den kleinen Ländern der Innerschweiz stellte sich Bern zum Widerstand. Innert weniger Tage wurde aber das gesamte schweizerische Mittelland von den Franzosen besetzt. Ernsthafter Widerstand hatte sich nirgends bemerkbar gemacht. Die wenigen zum Kampf entschlossenen aristokratischen Führer, wie der Berner Schultheiss Niko-

laus Friedrich von Steiger, sahen sich verlassen und flüchteten oder, wie der General Karl Ludwig von Erlach, fielen der Wut des aufgehetzten Landvolkes zum Opfer.

Die Franzosen plünderten die Staatskasse und die Goldbestände. Allein in Bern wurde über 24 Millionen Franken erbeutet. (...) Die Niederlage beim Grauholz am 5. März 1798 hatte also das Schicksal des Alten Bern besiegelt. Bern als selbständiger Staat ist untergegangen.[15]

Bern ist untergegangen, weil sie von den Eidgenossen keine Unterstützung erhielten. Als es ernst wurde, zogen die Zuzüger von Uri Schwyz und Glarus ab. Während am 5. März 1798 die Kanonen bei Neuenegg und im Grauholz donnerten und die Berner alles einsetzen, um mit Ehre zu fallen, waren die Abkömmlinge der Helden von Morgarten, Sempach, Laupen und Murten schon auf dem Rückweg nach Hause begriffen! Wenn es überhaupt Helden von Morgarten gegeben hat? *Als die losschlugen, zogen die lieben Eidgenossen heim und liessen die Berner im Stich.*[16] Diese Worte schrieb Jeremias Gotthelf in der Geschichte „Ein Bild aus dem Übergang 1798". Worte, die nicht aus der Fantasie Gotthelfs erwachsen sind, sondern tragischerweise der Tatsache entsprechen. Wenn irgendwo einmal von jemandem ein Eid

---

[15] Pierre Aerni, http://www.sauternes-art.ch/sub80.htm

[16] Berner Taschenbuch, 1855, Seite 101

geschworen worden wäre, dann wäre dieser Eid andauernd gebrochen worden. Von einem Eid kann in der Region Helvetien nicht gesprochen werden, schon gar nicht von einer Eidgenossenschaft.

Ein Bekannter sagte vor wenigen Jahren zu mir: „Du bist nur ein Genosse, ICH aber bin ein Eidgenosse.“ Als ob das etwas Besonderes wäre! Bei meinen Recherchen für dieses Buch sind mir die Eidgenossen eher negativ aufgefallen. Eidgenossen, die sich dauernd bekämpfen, ihre eigenen Offiziere umbringen, beim Einmarsch des Feindes davonlaufen, nach der verloren Schlacht ihren General ermorden und bis zum Sonderbundkrieg weiter gegeneinander kriegen. Unter Eidgenossen stelle ich mir etwas anders vor. So bleibe ich gerne „nur“ ein Genosse.

Die schlechte Stimmung im Rat von Bern führte zur Eskalation und zur vernichtenden Niederlage am 5. März 1798. Nun stellt sich die Frage, ob die Stimmung in Bern heute besser ist oder ob einzelne versuchen, den Frieden im gemütlichen Bern zu vergiften? Machthunger, Machtgier und Parteipolitik statt Sachpolitik waren schon vor dem Franzoseneinfall ein zentrales Problem, ein Problem, welches bis zum heutigen Tag anhält. Wurde doch am 18. April 2018 der Kanton Bern von einem Politiker mit Sitz im Stadtrat, Grossrat und Nationalrat als eine Bananenrepublik bezeichnet.

Auch wurden andere Parteien angegriffen und diese als Rot-Grüne Mafia[17] hingestellt. Sicher ist die Gefahr eines Angriff von ausserhalb der Landesgrenzen zum heutigen Zeitpunkt beinahe unmöglich. Jedoch sollte von Politikern mehr erwartet werden können, als nur Werbung für die eigene Person und die Partei zu machen. Auch hat die Arbeit in der Regierung etwas mit Würde und Menschenachtung zu tun. Solch vernichtende Aussagen vergiften das Klima in der Politik.

[17] Berner Oberländer, Donnerstag, 19. April 2018, Seiten 8-9

Carl Ludwig von Erlach

Eine grosse Zahl Mitglieder des Geschlechts der von Erlach nehmen in der Geschichte Berns eine ehrenvolle Stellung ein. Von der tragischen, brutalen Ermordung von Chevalier Karl von Erlach wissen wir schon aus dem vorderen Kapitel. Jeder Mord, jedes Vernichten von Leben ist abscheulich und verwerflich. Jedoch ist ein Mord an einem aus den eigenen Reihen, der Mord an einem Kameraden, der Mord an einem Eidgenossen, von Eidgenossen geplant und ausgeführt, mit nichts zu vergleichen und übertrifft alle Abscheulichkeit und Verwerflichkeit.

Karl Ludwig von Erlach, geboren am 10. November in Bern, ermordet am 5. März 1798 in Wichtrach, Reichsgraf von Erlach, sowie Herr von Hindelbank, Bäriswil, Mattstetten und Urtenen, war ein General der alten Eidgenossenschaft. *Beim Ausbruch der französischen Revolution verliess er als Maréchal de camp den französischen Dienst. Bereits 1785 Mitglied des grossen Raths; 1791 kämpfte er als bernischer Anführer die Unruhen in der Waadt so glücklich und erwarb sich dabei durch sein Benehmen das Vertrauen der Truppen in solchem Grade, dass 1798 die Regierung sich bewogen fühlte, ihn, trotz seiner sehr angeschlagenen Gesundheit, als Oberbefehlshaber des bernischen Heeres zu erwählen. Das*

Schwanken der Regierung und die Intrigen des französischen Heerführers Brüne lähmten Erlachs Anordnungen und verwirrten die Armee, so dass sie der Übermacht erlag. Der Unglückliche General, der, im Grauholze neben Schultheiss Steiger zuerst der meuchlerischen Waffe eines Dragoners, dann den feindlichen Kugeln ausgesetzt, von ihnen verschont blieb, wurde bei Wichtrach von rasenden Landstürmern, die den edlen Krieger, der das Mögliche getan zur Rettung der Heimat, des Verrats beschuldigten, grässlich ermordet, als er ins Oberland eilte, die zerstreuten Truppen dort zu sammeln zum letzten Kampf gegen die Franzosen.[18]

Durch die Ermordung ihres Generals, der die Truppen neu aufstellen wollte, verhinderten die Eidgenossen den letzten Kampf gegen die Franzosen und gaben Bern führungslos in die Hände einer fremden Macht. Im Totenrodel von Wichtrach No. 2. 1751-1801 finden wir unter der Nr. 1205. folgenden Eintrag: *„Karl Ludwig von Erlach, Bern, General, seines Alters geboren 1746, wurde zu Nieder Wichtrach unter vielen Militären so nach Thun zogen, den 5. Märzen Nachmittag, durch einen unbekannten Flintenschuss vom Pferd geschossen und auf Anzeig Christen Blum, Ob-*

[18] Ludwig Lauterburg, Berner Taschen buch auf das Jahr 1853, Druck und Verlag der Hallerschen Buchdruckerei, Bern, Seiten 217-218

mann von hier, den 6ten Abends allhier in der Stille begraben.[19] Der Verfasser dieser Zeilen im Totenrodel brachte den Mut nicht auf, die Wahrheit zu schreiben, so brutal und hinterhältig war diese. Jedoch scheiterte der Versuch, diese mörderische Tat schön zu reden, da andere Augenzeugen, die ganze Wahrheit zu Papier brachten. So werde ich nun aus diesen Quellen zitieren:

Ein traurig störendes Andenken bietet uns mitten in diesem Garten der Fleck bey'm Hüsi (beim Häuschen) zu Nieder=Wichtrach dar. Auf jener verworrenen Flucht von dem Schlachtfelde des Grauholzes im Jahr 1798 kam der General von Erlach die Strasse von Bern daher. Das Schicksal wollte, dass ein Name, der das aufblühende Bern am Donnerbühl und zu Laupen gerettet, auch das sinkende weniger glücklich begleiten sollte. Die Brutus der Römer stehen ähnlich in der Weltgeschichte. Von Erlach eilte zu frischer Verteidigung nach dem Oberland. Beim Neuhause, sagt ein glaubwürdiger Bericht, stiess er auf eine Compagnie Milizen, die von oben oder unten im Marsche begriffen waren. Der unendliche Missverstand jener Tage, und der ausgebreitete Wahn von Verrat der Städter, hatten auch diesen, wie die meisten der übrigen Haufen angepackt. Wütend reissen frevelnde Hände den Feldherrn, der sich furchtlos zu kennen gab, - vom Pferd auf den Bo-

[19] Staatsarchiv des Kantons Bern, K. Wichtrach 16

den, und nur die Klugheit des befehlenden Hauptmanns rettet noch, da er verspricht den Ergriffenen gefangen zu halten, um scharfes Gericht zu verhängen. Auf einem leichten Wagen fährt von Erlach fürder gegen Thun, aber in Nieder=Wichtrach kommt aufgebotene Rückhut (Reserve) mit rasenden Landstürmern vermischt, und bricht gegen den General in Schmähungen aus, nennt ihn Verräter, umringt das Fuhrwerk und droht mit dem Tod. – Schüsse gehen nicht, weil Jeder in dem Gedränge besorgt Seinesgleichen zu verletzen. – Endlich durchbohret mörderisch der Tobenden einer mit dem Bajonette den Hals des Generals, und alsobald erfolgen Schläge mit Gewehrkolben, und tot fällt der Schuldlose hin, ein Opfer gedankenloser Volkswuth und blinden tückischen Grimmes. Hunderte von Schüssen wurden feig gegen die entstellte Leiche gerichtet. Fühlendere Menschen bedeckten sie am Wege, wo sie gesunken, mit Stroh. – Der Schultheiss Steiger fuhr vorüber. Hat er gewusst wen er liegen sah, oder hat er es nicht gewusst; es ist zweifelhaft. Wie Brutus und Cassius die letzten Römer, also diese Beiden an dem verhängnisvollen Tage, die letzten Berner. Von Erlach ward begraben hinter dem Chor der Kirche von Wichtrach, auf Veranstaltung einiger Vorgesetzten und des damaligen Pfarrers Herrn Rudolf Rengger's von Brugg. Ein Grabstein, doch unter dem Rasen verborgen, be-

zeichnet die Stelle. Noch ist kein würdiges Denkzeichen dem mutvollen und nicht durch seine Fehler an dem Unglück jener Tage Schuld gewordenen Feldherrn aufgestellt[20]

Dieser Bericht ist sehr zeitnah an dem Geschehen vom 5. März 1798 verfasst worden und er nennt auch einen glaubwürdigen Bericht. *„Nach Erkundigungen an Ort und Stelle mir gütig mitgeteilt von Herrn Pfarrer J. N. Wyss in Wichrach, dessen sinnvolle Gedichte so viel Jahre schon den Anteil einer zahlreichen Leserwelt mit so vielem Recht sich erworben haben".*[21] Somit ist die Möglichkeit gross, dass in diesem Text Wahrheit zu finden ist. Im Berner Taschenbuch aus dem Jahr 1856 finden wir einen Bericht des Artillerie-Aidemajors von Graffenried, mit dem Titel: „Die Ermordung des Generals von Erlach", der am 15. März 1798 unterzeichnet wurde. Da diese Schandtat von so grosser Bedeutung ist und vornehmlich gerne verschwiegen wird, sehe ich es als meine Pflicht, diesen grauenhaften Mord an einem Offizier durch Eidgenossen vor dem Vergessen zu bewahren. Ich erlaube mir, den vollumfänglichen Text an dieser Stelle weiterzugeben:

---

[20] J. Rud. Wyss, Prof., Reise ins das Berner Oberland, bey J. J. Burgdorfer, Bern, 1816, S. 219-221

[21] J. Rud. Wyss, Prif., Reise ins Berner Oberland, bey J. J. Burgdorfer, Bern 1816, S. 220 (Fussnote)

Die Abfassung dieses bisher ungedruckten Berichtes beruht auf folgende Tatsachen. Am 10. März 1798 liess die provisorische Militärkommission an Fürsprech Hermann, Dr. Jur., der das Amt eines öffentlichen Anklägers versah, folgende Weisung abgehen. „Da der Bericht gefallen, dass Artillerie=Aidemajor von Grafenried von Ins und Ochsenwirth Lüti von Thun bei der Ermordung des General von Erlach gegenwärtig gewesen und also hierüber die besten Aufschlüsse geben können, so wird Euch von Seiten der provisorischen Militärkommission anbefohlen, diese zwei Personen zu vernehmen. Von ihnen wo möglich die Namen der Gethäter zu erfahren und dann gegen diese letzteren nach habndem Auftrag zu verfahren.“ Mit Bezug auf die verschiedenen wegen militärischer Vergehen angehobenen Untersuchungen stellte Major und Fürsprech Bay in der Sitzung der provisorischen Regierung vom 14. März den Anzug: „ob nicht die militärischen Vergehen, welche den 5. inklusive begangen worden (nämlich die Ermordung verschiedener Offiziers) nicht weiter untersucht, sondern dahingestellt werden möchten? Wyttenbach in seinen Annalen fügt nun bei: „Dieser Anzug fand nicht sonderlich Beifall; er ward auch nachher nicht wieder behandelt.“ Gleichwohl wurden, wie mir Herr Staatsschreiber von Stürler mitteilte, in Ausführungen der von den Fürsprechern Bay und Stuber angeregte Frage die Untersuchungen durch eine Amnestie niederzuschlagen. Nicht alle Beschlüsse und Verhandlungen wurden in jenen Tagen eingetragen. Die Akten selbst finden sich nicht mehr vor; entweder sind sie damals vernichtet oder beiseits geschafft worden. So ist die Mitteilung des nachfolgenden Berichtes nur dadurch ermöglicht, dass von Mutach, damals Sekretär der prov. Militärkommission, in seiner auf der Stadtbibliothek befindlichen handschriftlichen Revolutionsgeschichte unter den Beilagen eine Abschrift desselben aufgenommen hat, welche ich nun wörtlich wiedergebe.

Der unglückliche General, dessen schauerliches Ende in Folgendem durch einen Augenzeugen erzählt wird, hatte sein Schicksal – wenn auch nicht in dieser grässlichen Weise – vorausgeahnt. Bekannt sind die Worte, die er am Frühmorgen des 5. März zu seinem Adjutanten von Baricourt sprach, der nachher nur mit Roth gleichem Geschicke entging: „Mon ami, je vois lever le soleil, mais je ne le verrai pas coucher." Interessanter noch ist folgende Äusserung, deren Mitteilung ich Herrn Stadtschreiber von Stürler verdanke, gegen dessen Vater dieselbe getan wurde. Als Herr Altratsherr von Stürler, einer der wenigen noch lebenden Anteilnehmer an den Ereignissen jener Tage, am 4. März zu Seedorf (bei Münchenbuchsee) den ihm nachbarlich befreundeten Obergeneral vorbeireiten sah, grüsste er diesen, worauf von

Erlach, den sei Stab begleitete, anhielt und tiefbewegt, aber ohne hievon die Umgebung etwas merken zu lassen, jenem zuflüsterte: „Mon cher voissin, tout est perdu! le gouvernement a abdique! La troupe est révoltée! – J'y perdrai la vie et – ce qui me fait plus de chagrin – l'honneur. Adieu! Adieu!" – Wohl verlor er die Ehre des Sieges, aber nicht die Mannesehre; er konnte das Verhängnis der alten Republik nicht aufhalten, aber er handelte auf einem verlorenen Posten mit Aufopferung und Mut; der letzte Heerführer des alten Berns zeigte im heiligen Kampfe für seine Heimat sich seines Namens und seiner Stellung würdig.

Pflichtmässiger Bericht,

ansehend die Ermordung weiland General=Majors von Erlach, Montag den 5. März, Nachmittags um 1 Uhr, auf Befehl des Tit. Seckelmeisters Frisching, als Präsidenten der provisorischen Regierung von Bern, abgefasst.

Nachdem auch die Artillerie im Grauholz, welche von Herrn Hauptmann Messmer en chef commandiert war, zum Rückzug gezwungen worden, und wir mit drey Sechspfünder Kanonen auf der Höhe in der Schloshalden wieder nun Posto gefasst hatten, sahen wir bald, dass die wenige Mannschaft, welch sich noch auf dem Breitfeld bei dem General versammelt hatte, die Flucht ergriff, und bereits ein Detachement französischer Husaren den Argäuerstalden hinunter-sprengte. Hauptmann Messmer und ich versprachen nun unsern Canoniers, sie samt den Kanonen wo möglich ins Oberland zu begleiten; da ich zu Pferde war, so jagte ich mit der ersten Piéce davon, damit die übrigen nacheilten, welches auch geschah. Bei dem Gässli hieher dem Wittikofen, wo das Burgerziel steht, begegnet mir der General, in voller Carriére, winkt mir zu, und klagt mir: Truppen, Adjutanten und Alles seje verschwunden, er wolle sich daher ins Oberland begeben, um nicht in feindliche Hände zu fallen, und von ihnen wegen verlorener Schlacht ausgespottet zu werden. Zugleich ermahnte er mich, ihn zu begleiten und ihn nicht zu verlassen. Ich erwiderte: Ohne dies wollte ich mit der Artillerie in's Oberland, von nun an aber sei es meine Pflicht, ihm zu folgen, soweit und wohin er mir es befehlen werde. Den Conducteur Parle und die 2 Knechte, welche hin und wieder herangesprengt kamen, riefen wir herzu, so dass wir 5 zusammen nach dem Oberlande zu rannten, und ich auf diese Weise um ein Beträchtliches geschwinder fortkam, als die Artillerie, welche unter Commando Herrn Hauptmann Messmers nachjagte. In Allmendingen schon waren wir bei allen Flüchtlingen vorbei, welches denn in den Dörfern Rubigen und Münsingen einigen Verdacht erregen musste, als wären wir die ersten und einzigen Flüchtlinge der Armee. Wir kamen zum Neuhaus, Herrn Hauptmann von Mülinens Landgut, als Hauptmann Michel und Landmann Moor mit einem Füsilier=Bataillon aus dem Oberland, welches im Begriffe war, Bern zu Hülfe zu eilen, uns begegnete. Bestürzt fragten diese Beiden, was dies zu bedeuten hätte? Als ihnen der General sagte, sie wären zu spät, Bern sei übergeben, die Armee völlig in die Flucht geschlagen etc. etc. Allein das Bataillon rückt wütend auf uns los, beschimpft uns als Vaterlandsverräter, Seelenverkäufer etc. etc. Unter tausendfältigen Scheltworten werfen sie uns ab den Pferden, zerschneiden uns die Degenkuppel, um uns zu entwaffnen, und nehmen uns unsere Brieftaschen, welche sogleich in Hauptmann Michels Wagenkistlein getan wurden, - mit unseren fünf Pferden aber sprengten sie den Oberland zu. Der General suchte ihre Wut zu stillen, redete ihnen freundschaftlich, aber unglücklicherweise mit stark französischem Accent zu (er hatte einen grossen Teil seines Lebens in französischem Kriegsdienste zugebracht); allein sie verdoppelte sich im Gegenteil, indem schon eine Menge Bauern von den nächsten Dörfern die Hitze des Bataillons immer mehr anfeuerten. Nach vielfältigen Vorstellungen brachte es der müde General endlich dahin, dass man ihm erlaubte, auf Hauptmann Michels Wägelchen zu steigen, weil er völlig ausser Stand war, zu Fusse zu gehen; die Bedienten und ich gingen neben und hinter demselben her. Im Dorfe Wichtrach langten nun schon andere Flüchtlinge auf Pferden an, welche bestätigten, dass in der Tat die Schlacht verloren und die Hauptstadt übergeben sei; allein, sagten sie, es müsse Verräterei untergelaufen sein, und sie glaubten auch, wie das Bataillon, der General sei der erste Vaterlandverräter von allen. Im nämlichen Augenblick kommt noch eine Füsilier=Compagnie von Thun dazu, welche ebenso wie das Bataillon Oberländer, schon in Thun und Heimberg Keller aufgesprengt und sich gratis vollgesoffen hatten. Nun ward die Wut allgemein, und plötzlich schlugen Thuner und Oberländer mit Gewehrkolben auf den General los, bis er bald vom Wägelein vor meinen Füssen zu Boden stürzte, wo sie ihn dann mit Bajonetten vollends auf die grausamste Weise mordeten. Die Raserei wer so allgemein, dass ich unmöglich weder die Töter selbst, noch ihre Anzahl bestimmen könnte; nur bemerkte ich, dass überhaupt die Soldaten des ehemaligen Regiments von Wattenwyl diese Tat verabscheuten. Nachdem sie den unglücklichen Mann geplündert und fast ganz ausgezogen, liessen sie ihn neben der Strasse in einem Graben liegen. Ich wurde nun samt den Bedienten, nach tausend verschiedenen Beratschlagungen, was wohl jetzt mit mir anzufangen sei, und unter unzähligen infamen Betitelungen endlich als ein beglaubter Vaterlandsverräter und vermeinter Sohn des Generals durch ein Detaschement von 30 Mann gefangen ins Schloss Oberhofen gebracht. Dort erhielt Herr Landvogt May den Befehl, mich zu verwahren, und mit seinem Kopf für meine Person gutzustehen. Die Bedienten wurden sämmtlich in ein anderes Zimmer eingeschlossen. – Noch den nämlichen Abend langte Herr Hauptmann Messmer mit einem Teil der Artillerie in Oberhofen an, um mich wo möglich zu retten. Dienstags morgens früh, ward von den Officiers ein Kriegsrecht über mich gehalten, und da die angekommenen Kanoniers meine Aussagen wörtlich mit einem Gelübde bestätigten, und übrigens meine ganze Aufführung bei den Bataillon in ein vorteilhaftes Licht setzten, so ward ich als gänzlich unschuldig auf freien Fuss gesetzt. Nun begehrte ich mit allem Recht mein Pferd, Säbel, Pistolen und Brieftasche zurück; allein für das Einte, noch für das Andere durften oder wollten die Offiziers Antwort geben, so dass ich mich berechtigt glaubte, bei der provisorischen Militär=Commission auf gänzliche Genugtuung und Zurückgabe aller mir abgenommenen Proprietäten zu schliessen. Des Generals von Erlach 3 Pferde befinden sich auch im Oberland und werden zurückgefordert. Schliesslich wünschte ich noch, dass der Post=Conducteur Parle über den ganzen Vorfall verhört würde.

Bern, den 15. März 1798.

Von Graffenried,
gewesener Artillerie=Aide-Major.[22]

Diese beiden Berichte haben eine enorme Aussagekraft. Es ist vollkommen unverständlich, was an diesem 5. März 1798 in Wichtrach geschehen ist. Obschon der zum vorherein verlorene Krieg für die Stadt Bern von grosser Bedeutung war, eine fremde, ehemals befreundete Macht die Herrschaft übernahm und für kurze Zeit einen Helvetischen Staat gründete, war dieser Verlust nicht das Schlimmste an diesem Tag. Es gab zwei Ereignisse, die den 5. März 1798 zum schlimmsten Tag in der Geschichte der damaligen uneinigen „Schweiz" machten. Zum einen das Davonlaufen der Eidgenossen, der anderen Kantonstruppen. So etwas hätte nie passieren dürfen. Jedoch wurde diese Schande der vor dem Kampfe davonlaufenden noch durch eine noch grössere Schandtat überboten. Was muss bei den eidgenössischen Soldaten wohl vorgefallen sein, ausser eines extremen Alkoholkonsums, dass sie ihren eigenen General auf dem Heimweg auf brutalste Weise zu Tode schlugen, ausplünderten, schändeten und im Strassengraben liegen liessen. Das absolut Schlimmste wurde an diesem Tag an einer würdigen, verdienstvollen Person angetan. Was diesen

[22] Berner Taschenbuch, 1856, Seiten 235-242

Tag zum schlimmsten in der Geschichte eines Landes macht, in einem Land, das sich fünfzig Jahre später zu einem Staat mit einer Verfassung zusammenschloss, ist die Ermordung ihres Generals. Warum wird nicht jährlich in der Schweiz an diesen absoluten Tiefpunkt in der Geschichte erinnert?

Das Kriegsopfer aus Einigen

Unter den 644 Namen der 1798 für die Heimat gefallenen Helden, die im Berner Münster um das Grab des Schultheissen von Steiger in Marmor eingraben sind, liest man denjenigen des Wittwer, Chr., von Einingen.[23] Dieser kurze Text ist der einzige Hinweis in einem Buch, der auf das Kriegsopfer aus Einigen hinweist. Hans Gustav Keller fand diesen in der Namensliste am Schluss des Buches „Die Märztage des Jahres 1798“ von Major Dr. Badertscher, der diese den Marmortafeln im Berner Münster entnahm. Ein Name, eine Ortschaft, unter 643 anderen. Und doch hebt sich dieser Name, diese Ortschaft, von den anderen 643 ab. Es ist nicht alleine der Name, sondern die Ortsangabe: Einigen. Wer ist dieser Mann aus Einigen? Eine Frage, die ich mir schon oft stellte: bei Hans Müller Einigen, dem Schriftsteller, bei Gottlieb Häsler, dem Grossrat und Baumzüchter, aber auch bei Stephan Rüegsegger aus Einigen, der, weil er Täufer war, in Bern hingerichtet wurde, bei Prof. Dr. Dr. Dr. E. A. Wilder Smith, einem hochdotierten Wissenschaftler, oder Samuel Bodmer, der den Kanderdurchstich plante und in die Wege leitete, aber auch bei Oberstkorpskommandant Eduard Wildbolz, der 1918 den

---

[23] Hans Gustav Keller, Einigen, Druck- und Verlagsanstalt Adolf Schaer, Thun, 1946, Seite 252

Generalstreik in Bern unblutig beenden konnte, und bei Elogius Kiburger, dem Verfasser der Strättliger Chronik. Das sind alles Namen, zu denen ich schon öfters geschrieben habe. Namen, die zu Einigen gehören. Namen, die mit Einigen in irgendeiner Form verbunden sind. Namen, die in Texten, auf Grabsteinen, Gedenksteinen vor dem Vergessen bewahrt bleiben. Aber unter all den mehr oder weniger bekannten Personen aus Einigen ist eine total vergessen: **Christen Witwer.** Das einzige, was ich zu diesem Mann wusste, ist, dass sein Name in Marmor eingemeisselt, im Berner Münster unter 643 anderen Opfern von 1798 zu finden ist. Wer war Christen Witwer? Dessen Name in all den Taufrodeln und dem Totenrodel mit einem „t“ geschrieben wurde: Witwer.

Wo lebte Christen Witwer in Einigen? Woher kam seine Familie? Hatte er Geschwister? War er verheiratet? Hatte er Kinder? Starb er auf dem Schlachtfeld oder später? Um auf all diese Fragen eine Antwort zu finden, musste ich tief in diversen Archiven suchen. Den ersten Hinweis auf dem Namen Witwer finden wir im Taufbuch von Einigen, das mit einem Eintrag vom 20. Februar 1558 beginnt. Mit grosser Wahrscheinlichkeit wurde zuvor kein Taufbuch geführt. Der letzte Eintrag in diesem Buch wurde am 3. Oktober 1640 eingeschrieben, was einen Zeitraum von 82 Jahren ergibt. Da der früheste Zeitpunkt zur Führung eines Taufbuches nach der Reformation 1528 war, wäre ein Vorgänger-Taufbuch mit nur etwa 30 Jahren und zwei bis fünf Taufen pro Jahr ein sehr dünnes Buch gewesen. Ich gehe davon aus, dass bis zum Jahr 1558 kein Taufbuch geführt wurde. Auf Seite 17 im Taufbuch von Einigen finden wir einen ersten Hinweis auf den Namen Witwer. Ein Peter Witwer ist im Jahr 1575 als Taufzeuge aufgeführt. Am 7. August tauften die Eltern Niklaus Bleuer und Dorothea Meyer einen Knaben mit Namen Peter. Die Taufzeugen waren Ulli Steffen, Peter Witwer und Anna Hodler. Somit war eine Familie Witwer schon um 1575 in der Region um Einigen ansässig. Am 24. September 1620 finden wir den Namen Witwer im Taufrodel: Witwer Meinrad und Bärbell Brüggmann, ein eheliches Kind taufte, Christen. Am 1. April 1621 tauften Bernhart Witwer und Margareth Würsten ein Kind mit Namen Margareth. Eine Anna wurde am 9. November 1623 getauft, die Eltern waren Anthoni Witwer und Barbli Lampard. 1645 taucht ein Hans Witwer auf und am 30. Januar 1653 ein Bernhard Witwer. Auch am 17. August 1654 wird dieser Bernhard Witwer genannt und am 4. April 1680 wurde eine Elisabeth getauft, die Eltern waren Bernhard Witwer und Anna Stucki. Von diesem Ehepaar wurde am 14. Februar 1686 ein Hans und am 25. März 1688 eine Sara getauft. Im Jahr

1725, dem 5. August, lesen wir im Taufregister: Dem Hans Witwer allhier zu Spiez und seinem Weib Anna Hasler wird ein Sohn getauft, namens Hans. Dieser Hans verstarb am 15. Juni 1783. Auch im Jahr 1725, am 2. Tag Christmonat, wurde dem Emanuel Witwer von Hondrich und seinem Weib Anna Lehnherr ein Sohn getauft, namens Christian. Am 20. April 1727 tauften dieselben Eltern einen Sohn mit Namen Emanuel und am 31. Juli 1729 eine Madlena. Einen weiteren Eintrag finden wir 1738, den 15. Tag Brachmonat (Juni), dem Christen Witwer hier zu Spiez und seinem Weib Barbara Roth eine Madlena getauft. Ein Christian Witwer aus Hondrich wird am 28. Februar 1748 als Taufpate genannt. Auch 1748, am 8. Dezembris, ward zu Spiez ein eheliches Kind getauft mit Namen Margreth, die Eltern, Hans Widmer von Spiez und Margreth Bodmer. 1749, am 23. März wurde ein Hans getauft, von Christen Witwer und Barbara Vogt von Grindelwald. 1753 ist getauft worden, den 4. März, ein eheliches Kind namens Susanna, von den Eltern Emanuel Witwer von Hondrich und Madlene Mülimatter.

Im Jahr 1760 ist allhier getauft worden, 24. Augustmonat ein eheliches Kind namens Christen, die Eltern, Christen Witwer von Hondrich und Susanne („Fuess“?) von Schwarzenegg. (Christen obiit[24] an seinen Wunden in der Insel zu Bern am 28. März 1798).

Nun haben wir uns mit dem Namen Witwer ab dem Jahr 1575 bis 1760 hindurch gearbeitet. Dabei fanden wir einen Christen, der am 24. Augstmonat getauft wurde. Seine Eltern lebten in Hondrich. Im Taufbuch 1776 bis 1807 (St. A.B. K Spiez 3) finden wir auf Seite 95 den Eintrag vom 13. Juli 1783: Zu Einigen Madlena, die Eltern, Christen Witwer von Hondrich zu Einigen und Madeleina Blum in der Moosegg. Am 16. Oktober 1785 wurde Margarita in Einigen getauft und am 29. Dezember 1787 der Knabe Christen. Am 5. Dezember 1790 wurde in Einigen der zweite Sohn mit Namen Johannes getauft und Maria wurde am 10. September 1797 von den Eltern Christen und Madlena in Einigen zur Taufe getragen.[25] Im Buch der Bürger der Gemeinde Spiez, ab 1730, wird als Wohnort der Familie Witwer mit ihren fünf Kindern die Bezeichnung „Dorf" angegeben.[26]

Christen Witwer, ein Mann, der für seine Familie sorgte, aber auch sein Land liebte, gehorchte dem Aufruf, das Eindringen der Franzosen auf die Stadt Bern zu verhindern und zog in den Krieg. Es

---

[24] Obiit = er ist gestorben

[25] Alle Angaben zur Familie Witwer sind den Taufbüchern 1595-1726, 1727-1775 und 1776-1807 aus dem Staatsarchiv des Kantons Bern, K. Spiez I. 2. und 3 entnommen.

[26] Archiv Spiez, Bd.1 Tabl.6 Akt.-No.78

besteht durchaus die Möglichkeit, dass er dem Regiment 14 (Siebenthal) oder sogar einer Scharfschützenkompanie des Regiments Oberland angehörte. Er stellte sich der Herausforderung und dem Feind, wurde am 5. März 1798 verwundet. Sein Blut floss für einen zum vornherein verlorenen Krieg. Er erlag nach 21 Tagen unter grossen Schmerzen seinen Verletzungen im Inselspital zu Bern. Im Totenrodel 1752-1800 auf Seite 114, unter der Jahreszahl 1798 finden wir folgender Eintrag: *Christen Witwer von Einigen, eine Ehefrau, starb an seinen Wunden in der Insel zu Bern. Gestorben 28. März, begraben, alt 37 Jahre 7 Monate.* Auf der gleichen Seite finden wir einen Kameraden von Christen: *Jacob Barben von Spiez, ledig, starb an seinen Wunden in der Insel zu Bern. Gestorben 26. März, begraben, alt 32 Jahre.*[27]

Zwei Männer, die den Heldentod auf dem Schlachtfeld fanden, wurden vergessen. In Einigen weiss niemand etwas von diesen Kriegstoten, obschon ihre Namen im Berner Münster mit den 642 weiteren Gefallen in schwarzen Marmor gehauen sind. Christen Witwer hinterliess eine Frau und fünf Kinder mit einem Haus. Im Verzeichnis der Häuser und Güter in der Agentschaft Spiez

---

[27] Totenrodel 1752-1800, Staatsarchiv des Kantons Bern, K Spiez 14

vom 29. Dezember 1800 finden wir folgenden Eintrag: „Witwers Christens sel. Witwib“.

Ein Kriegsopfer aus Einigen, eine Witwe mit fünf Kindern, eine Stadt Bern in den Händen der Franzosen, die Staatskasse geraubt und für kurze Zeit einen Kanton Oberland mit Thun als Hauptstadt. **Warum?**

Könnte es sein, weil sich das Volk, das sich Eidgenossen nannte, nicht einig war? Weil die Eidgenossen, als es wirklich auf jeden Einzelnen ankam, die Berner alleine liessen und vor dem Kampf das Weite suchten? Weil sie ihre Offiziere ermordeten? Ist das der Grund, warum auf dem Grauholzdenkmal die Aufschrift „Seid Einig“ eingemeisselt ist?

Opfer und Mordopfer 1798

Beim Franzoseneinfall gab es nicht nur Opfer, welche den „ehrenvollen“ Tod auf dem Schlachtfeld starben, sondern auch viele Mordopfer, die von eigenen Leuten, von Eidgenossen, niedergemacht wurden. Im Berner Taschenbuch aus dem Jahr 1853 sind viele Namen der Opfer erwähnt. Wir wollen nicht nur des Kriegsopfers aus Einigen und des Mordopfers Carl Ludwig von Erlach gedenken, sondern auch den sonst namenlosen Männern die Ehre erweisen, die von ihren eigenen Soldaten umgebracht wurden. Die Anzahl ist erschreckend und wird in der schweizerischen Geschichtsschreibung nach Möglichkeit verschwiegen. So wird ein **Abraham Daniel August von Crousaz** (1753-98) genannt, gebürtig von Lausanne, Oberstleutnant, welcher zwei Feldzüge auf der See mitgemacht und der berühmten Belagerung von Gibraltar beigewohnt hatte. Er wurde 1792 zum Befehlshaber der Seeflotille auf dem Genfersee ernannt, 1794 wegen seiner Anhänglichkeit an Bern ins Bürgerrecht der Stadt aufgenommen und 1798 als Adjutant des Divisionskommandanten von Wattenwyl bei Allenlüften erhoben und am 5. März von wütenden bernischen Dragonern ermordet. (Berner Taschenbuch, 1853, Seite 206) *Unter dem Geschrei über Verrat wurden die Obersten von Crousaz und Von Goumoens* *von ihren Pferden geschossen, nackt ausgeplündert und neben der Strasse verscharrt.*[28]

Sigmund Kneubühler (1759-1809) von Frauenkappelen, zeichnete sich als Offizier in holländischen Dienste durch Mut, mathematische und taktische Kenntnisse aus. Nach Verabschiedung der kapitulierten Truppen wurde er von der Regierung von Bern als Ingenieur angestellt. 1798 als erster Generalleutnant dem General von Erlach beigegeben, erlitt er furchtbare Misshandlungen durch rasende Landstürmer, als er demselben ins Oberland nacheilte. (S.246) **Karl von Ryhiner** (1744-98) Mitglied des Grossen Rates, Stadtmajor und Landvogt von Morsee, kommandierte als Oberst bei Laupen und Gümmenen und wurde am 4. März vor den Toren Berns in einem aufgewiegelten Soldatenhaufen durch Hauptmann W. meuchelmörderisch erschossen. (S.276) An seiner Seite war auch **Oberst Stettler** der auch *ohne besondere Ursache von wütenden Landstürmern, bei denen sich überall Trunkenheit und die wilde Tobsucht zeigte, erschossen.*[29] Zu dieser grauenhaften Ermordung lesen wir bei Eduard Bähler, Mitglied des historischen Vereins des Kantons

[28] Eduard Bähler, Die letzten Tage des alten Bern im Kampfe gegen Brunes Armee 1798, Biel, Verlag von Ernst Kuhn, 1895, Seite 17

[29] Carl Müller, Die letzten Tage des Alten Bern, Kommissionsverlag von Nydegger & Baumgart, Bern, 1886, Seite 277-278

Bern, folgendes. *Nachdem am Ende des Jahres 1797 das französische Direktorium die Revolutionierung und Eroberung der Schweiz beschlossen hatte, besetzte im Jänner 1798 ein Teil der französischen Rheinarmee unter General Schauenburg den jetzigen bernischen Jura. Während General Mènard, dem bald darauf Brune im Oberbefehl folgte, von der demokratischen Partei zur Befreiung der bernischen Aristrokratie angerufen, mit einer Division der oberitalienischen Armee in die Waadt einrückte.*

Der linke Flügel der bernischen Aufstellung unter dem Divisionär Ludwig von Wattenwyl von Loins stand am Morgen des 2. März in Murten und Freiburg, zog sich aber im Laufe des Tages, nachdem Freiburg kapituliert hatte, hinter die Saane und Sense zurück und besetzte die wichtigen Punkte: Gümmenen, Laupen und Neuenegg. Demgemäss rückte Freitagabends den 2. März Oberst Stettler mit einem Bataillon vom Regiment Sternenberg und Major Ludwig May von Oron oder Brandis mit einem Bataillon vom Regiment Konolfingen, begleitet von 800 deutschen Freiburgern und Schwarzenburgern und 15 aus dem Zeughaus Freiburg entführten Kanonen, leider ohne die dazu gehörige Munition, in Neuenegg ein, wo sich die Truppen bis Samstags einquartierten. Die meisten Freiburger verliefen sich bald wieder. Viele der hier heimischen Soldaten und

Offiziere gingen nachts nach Hause; die übrigen lagen im Dorf und oberhalb desselben in der „Krützen" im Bivouak. Statt regelmässiger Verpflegung wurde viel getrunken, Wein und Brandwein wurde von den Umwohnern reichlich allen zu Teil, die darnach verlangten. Diese Trunksucht, sowie der Rückzug von Freiburg hinter die Sense und viele sich kreuzende Befehle und Gegenbefehle, die auf die Ratlosigkeit in den oberen Behörden schliessen liessen, hatten die Soldaten desto störrischer gemacht. Ein katholischer Geistlicher wurde hier, weil man ihn für einen Spion hielt, ohne weiteres erschossen.

Viele, aus Grundsatz, weil sie eine freisinnigere Umgestaltung des Staates wünschten, oder aus Feigheit dem Kriege abhold, suchten allen möglichen Vorwand, dem Kampfe auszuweichen; andere glaubten an Verrat und pflanzten Misstrauen, so dass auch die bestgesinnten Soldaten unzuverlässig und schwankend wurden. Als sogar noch der Divisionär Ludwig von Wattenwyl, der bei seinen meuterischen Truppen in Gümmenen den Kopf ganz verloren hatte, den Platzkommandanten in Laupen und Neuenegg, den Obersten Ryhiner und Stettler, am Samstagabend den Befehl zukommen liess, sämtliche Streitkräfte in der Nacht vor die Tore Berns zurückzuführen, stieg die Verwirrung, das Misstrauen und die Aufregung der Truppen auf's Höchste.

Sonntags den 4. März bei der Linde angelangt, wurden die beiden Obersten von ihren eigenen Soldaten angefallen, von den Pferden gerissen und als Verräter ermordet. Aidemajor Wacker von Bümplitz rühmte sich am gleichen Tage an der Kramgasse öffentlich, den Hut des ermordeten Stettler schwingend, er habe mit seiner Pistole dem Obersten den Rest gegeben.[30]

Das ergibt, wenn wir auch **Carl Ludwig von Erlach** mitzählen, fünf Offiziere, welche am 4. Und 5. März 1798 von eigenen, zum Teil betrunkenen Soldaten auf hinterhältige Weise ermordet wurden.

Das Berner Taschenbuch nennt aber auch noch andere Namen, die am 5. März für Bern in die Schlacht zogen: **Franz Viktor Effinger** (1734-1815) Mitglied des Grossen Rates, Schultheiss in Bühren, in den kleinen Rat 1788, an der Seite von Schultheiss Steiger im Grauholz am 5. März von drei Kugeln getroffen. Er war bis zu seinem Tod literarisch tätig. (S.212) **Samuel Rudolf Steck** (1766-1831) war Sekretär bei der Holzkammer, wurde 1798 als gefangener nach Frankreich geführt. Im Jahr 1800 wurde er Mitglied, später Präsident der Verwaltungskammer, war Mitglied des Appellationsgerichts, 1804 Verwalter des Bürger-

[30] Ed. Bähler, Die letzten Tage des alten Bern im Kampfe gegen Brunes Armee 1798, (3. Auflage des „Tages von Neuenegg"), Biel, Verlag von Ernst Kuhn 1895, Seiten 7 13

spitals, dessen Geschichte er verfasste. (S.285) **Niklaus Friedrich von Steiger** (1729-99) war der letzte Schultheiss des alten Berns, zugleich einer seiner grössten Staatsmänner, ausgezeichnet durch hervorragende Geistesfähigkeiten, wissenschaftliche Bildung und Grösse des Charakters und durch die Kunst, Menschen zu leiten. Er besass einen schwächlichen Körper, ein tief religiöses Gemüt und bei unerschütterlichem Wesen eine grosse Leutseligkeit im Benehmen. Auf fremden Hochschulen und Reisen im Ausland bereitete er sich zu einem gewandten und kenntnisreichen Staatsmann vor. Er begann seine Laufbahn als Schulheiss des sogenannten „äusseren Standes“ von 1755-1764, in welchem Jahre er Mitglied des Grossen Rates wurde. 1722 wurde er Schultheiss zu Thun, 1744 gelangte er in den Kleinen Rat. (…) Vom Ausbruch der französischen Revolution erkannte er die drohende Gefahr für unser Vaterland an, erklärte sich als ihr entschiedener Gegner und stellte sich an die Spitze der Richtung, die mit Entfaltung möglichster Energie gegen die Einmischung Frankreichs die Schweiz zu retten suchte. Von Steiger wurde die Seele und das Haupt der antifranzösischen Partei, welche in Seckelmeister Frisching einen gewandten Führer besass. Vergeblich hatte von Steiger schon 1792 nach den Gräueltaten in Paris voll Begeisterung für die durch den Mord der Schweizersoldaten befleckte

Landesehre zum Kriege gegen Frankreich aufgerufen. Als im Jahr 1798 die Todesstunde der alten Eidgenossenschaft schlug, die versuchten Vermittlungen und Unterhandlungen an der französischen Schlauheit und List gescheitert und die französischen Heere vor die Tore Berns gerückt waren, begab sich von Steiger nach feierlicher Niederlegung seines Amtes in der Ratssitzung am 5. März ins Grauholz zu General von Erlach, um mit ihm den letzten Kampf für die schweizerische Unabhängigkeit zu wagen. Nach dem unglücklichen Ausgange dieses Treffens, in welchem die feindlichen Kugeln ihn verschonten, flüchtete er, von wenigen treuen Gefährten begleitet, ins Oberland. Auf dem Wege wurde er von tobenden Landstürmern, die kurz zuvor von Erlach ermordet hatten, mit dem Tode bedroht, vor dem ihn seine kaltblütige Geistesgegenwart und Ehrfurcht einflössende Haltung bewahrten, welche die gezückten Gewehre niedersenkte. Von Steiger begab sich durch die innere Schweiz nach Deutschland, wo er aus allen Kräften zur Befreiung seines Vaterlandes von dem französischen Joche wirkte. Er kam 1799 mit der siegreichen österreichischen Armee bis Zürich, musste aber nach der verlorenen Schlacht bei Zürich mit dem geschlagenen Heere zurückweichen, wurde in Lindau krank und starb am 3. Dezember in Augsburg. Mit grosser Feierlichkeit wurde 1805 sein Leichnam nach Bern gebracht, im

Münster beerdigt und ein schönes Denkmal dem Manne errichtet, dem selbst seine heftigsten Gegner die höchste Achtung nicht versagen konnten. (S.287-288) **Franz Viktor Steiger** (1756-1806) Oberstleutnant des holländischen Schweizergarde-Regiments, kämpfte am 5. März 1798 bei Neuenegg mit. War Mitglied des Gossen Rates vor der Revolution und unter der Mediation. Er wurde auf einer Lustreise nach dem Rigi beim Goldauer Felssturze unter dem Schutte begraben. (S. 290) **Johann Weber** (1752-99) von Brüttelen, kehrte, nachdem er in holländischen Diensten Quartiermeister geworden war, in seine Heimat und kämpfte, dem Generalstab beigegeben, am 5. März 1798 bei Neuenegg. Er wurde Generalinspektor der Berner Miliz, Anführer der ersten Halbbrigade der helvetischen Hilfstruppen, Generaladjutant, und fiel im Treffen bei Frauenfeld durch die Kugel eines versteckten Tyroler Scharfschützen. (S.306) **Franz Ludwig Wurstemberger** (1745-1823) war ein ausgezeichneter Offizier in französischen Diensten, er focht 1798 an der Spitze des Oberländer Bataillons am 4. März bei Gümenen, am 5. März bei Laupen und half 1802 Freiburg von den helvetischen Truppen befreien. (S. 310)

Nun stellt sich die Frage, ob noch heute die Gefahr besteht, dass im Ernstfall die eigenen Soldaten ihre Offiziere angreifen, verletzen oder ermorden würden? Wie es heute, im 21. Jahrhundert, sein könnte, weiss ich nicht. Jedoch weiss ich, wie es in der zweiten Hälfte des 20. Jahrhunderts war. Auch ich war einmal an einer „Aushebung“, wurde als gesund und diensttauglich erklärt, sodass ich in die Rekrutenschule einrücken durfte. Freiburg und Alterswil waren die Orte, wo ich meine RS und die Unteroffiziersschule absolvierte. Am Schluss meiner Dienstzeit hatte ich als Wachtmeister fast 600 Diensttage in Uniform gedient. Ja, ich war gerne im Militär, ich freute mich, als ich für die Unteroffiziersschule vorgeschlagen wurde. Den Vorschlag für die Offiziersschule habe ich leider abgelehnt, was ich noch viele Jahre bedauerte.

Wenn ich mich jedoch an die Liedertexte erinnere, die wir oft auf langen Märschen oder in den Gaststätten gesungen haben, oder die Bezeichnung, die wir dem Hackfleisch in der Dose gaben, dann bedauere ich es, jemals Soldat gewesen zu sein. Damals war ich noch sehr jung, unerfahren, eher schlecht gebildet und naiv. Nur so kann ich mir erklären, diese Schandlieder aus voller Kehle mitgesungen zu haben. Ob jedoch die Texte, die wir sangen, von jemandem von unserer Kompanie in die Tat umgesetzt worden wären, bezweifle ich sehr. Aber im Ernstfall kann es durchaus sein, dass unter grosser Angst und eventuell übermässigem Alkoholkonsum die Liedertexte nicht nur gesungen, sondern zur brutalen Realität werden können. Wir lernten die Lieder von unseren Vorgesetzten, den Korporalen und Leutnants. Wir gaben die Texte später unseren Rekruten weiter und so wurde jeder auszubildende Soldat nicht nur im Kriegshandwerk, sondern auch im Umgang mit mörderischen Liedertexten und zerstörerischem Gedankengut konfrontiert. Wir sangen von Vergewaltigung, Kastrierung, Verstümmelung und Ermordung der Vorgesetzten und fanden das auch noch lustig. Ich habe mitgesungen, ohne nur im Geringsten über die abscheulichen Texte nachzudenken. Manchmal kamen mir Gedanken hoch, dass so etwas nie geschehen dürfte, und sah mich, ich war auch ein Vorgesetzter, der mitsang, in dieser schrecklichen Lage. Jedoch wurden solche Gedanken sofort verdrängt und wacker weiter gesungen. Ich schäme mich! – Ja, ich schäme mich, solche Worte gesagt, gesungen und ausgesprochen zu haben.

Wäre es heute noch möglich, die eigenen Offiziere zu ermorden? Ich will und kann mir so etwas gar nicht vorstellen und bin auch nicht in der Lage, auf diese Frage eine Antwort zu geben. Was ich aber wünsche, ist, dass solche Lieder nie mehr gesungen werden, dass solches Lieder- und Gedankengut von offizieller Seite verboten und unter Strafe gestellt wird. Der Weg vom Wort zur Tat ist sehr kurz. Zu kurz.

Lügen die Denkmäler?

Während meiner Recherchen für das vorliegende Buch besuchte ich am 31. Juli 2017 die Kirche in Wichtrach. Ich wusste von der Gedenktafel an der Kirche und wollte diese sehen. Nach längerem Suchen fand ich diese hinter Bäumen und Gebüsch. Die Tafel erschien mir eher verwahrlost. Nachdem ich die Schrift gelesen und die Gedenktafel eine Weile betrachtet habe, überkam mich ein Gefühl, dass da etwas nicht stimmen kann. Diese Worte sagen nicht die Wahrheit.

Die Tafel wurde im Jahr 1892 errichtet. 103 Jahre nach dem Tod von General Carl Ludwig von Erlach. Ein Jahr, nachdem sich die noch junge Schweiz (12. September 1848) ein Geburtsdatum gab, den 1. August 1291. Aus welchem Grund auch immer wollte man sich eine Geschichte heranzaubern, welche sehr alt war. Jedoch wissen wir alle, dass ums Jahr 1291 diese Region zum Heiligen Römischen Reich gehörte. Es könnte durchaus sein, dass ein paar Bauern aus den Talschaften Uri, Schwyz und Unterwalden ein bisschen Terror machten. Das hat jedoch mit der Gründung eines Landes absolut nichts zu tun. Ob nun der Bundesbrief, ein Marchvertrag, wie es viele gab, echt ist oder erst im 17. Jahrhundert geschrieben wurde, ist nicht von grosser Bedeutung. Jedoch ist dieser Brief kein Beweis, dass

1291 ein Staat gegründet wurde. Auch wenn sich einige Bewohner der Talschaften gegen die Obrigkeit auflehnten und sich nach und nach zusammenschlossen, ist das noch keine Staatsgründung. Vor allem, wenn man bedenkt, dass sich diese „Eidgenossen" bis ins Jahr 1847 dauernd aufs Heftigste bekämpften. In der Zeit der Reformation wurden in Bern 40 Bürger hingerichtet und tausende vertrieben. Von einer Eidgenossenschaft kann da keine Rede sein. Das ist auch der Grund, dass Bern im Jahr 1798 von den Franzosen eingenommen wurde. Man liess die Berner im Kampf alleine. Die Urkantone, wenn diese so genannt werden dürfen, liessen die Berner im Stich. Die Eidgenossen kamen den Berner nicht zu Hilfe oder zogen noch vor der Schlacht wieder ab. Unter Eidgenossen stelle ich mir etwas anderes vor. Noch war die Region zwischen Genfer- und Bodensee, zwischen Jura und dem Veltlin ein loser Staatenbund, bis am Wiener Kongress 1814/15 ein Machtwort gesprochen wurde und Helvetien in die richtige Richtung führte. Noch aber dauerte es 33 Jahre und einige innere Scharmützel, bis am 12. September 1848 die erste Bundesverfassung unterzeichnet wurde und aus einem losen Staatenbund einen Bundesstaat machte. Mit einer schweizerischen Regierung und der Gewaltenteilung nach dem Vorbild der Vereinigten Staaten von

Amerika.[31] Nach vielen inneren Kriegen zwischen den Talschaften, den einzelnen Staaten (Kantonen) und Religionsscharmützeln wurde ein vereinigtes Land. Ein Land, die Schweiz, ein neutrales Land, in welchem mit Ausnahme des Jurakonfliktes seit 1848 Friede herrscht. Frieden im Inneren wie auch nach aussen. Ein Land, das erst nach der Neutralitätserklärung am Wiener Kongress und der Mediationsverträge Napoleons zur inneren Ruhe fand. Der Friede in der Schweiz wurde von Europa gemacht und auferlegt und hat Bestand bis zum heutigen Tag.

Obschon das niemand gerne hört oder ausspricht, die „Eidgenossen“ waren seit jeher zerstritten und nicht in der Lage, den Eid, den sie angeblich gesprochen haben, umzusetzen. Somit war der erste Schritt zu einer freien Schweiz die verlorene Schlacht am Grauholz, die Einnahme der Stadt Bern und die Gründung der Helvetischen Republik. Danach führte der Weg, wie schon angesprochen über den Wiener Kongress, die Mediation von Napoleon II. bis zur Unterzeichnung der Bundesverfassung vom 12. September 1848, der einzigen und echten Geburtsstunde der Schweiz.

---

[31] Bundesverfassung, 1972, Seite 8

Auf der Gedenktafel bei der Kirche Wichtrach stehen folgende Worte:

Hier Ruht
Dem Vaterland getreu bis in den Tod
General
Carl Ludwig von Erlach
Geboren 1746
Gefallen am 5. März 1798
Ein Opfer verwirrter Zeit

Errichtet 1892

Drei Worte auf dieser Gedenktafel machten mich nachdenklich. Es sind die Worte: „getreu bis in den Tod“, „Gefallen“ und „verwirrte Zeit“. Wobei „getreu bis in den Tod“ der Wahrheit noch am nächsten liegt. Suchte er doch mit Herrn von Steiger am Grauholz den Tod. Beide wussten von der aussichtslosen Situation und warteten auf die erlösende Kugel. Somit sind wir beim nächsten Wort, welches mich stutzig macht: „Gefallen“. General Carl Ludwig von Erlach ist nicht im Krieg am Grauholz gefallen. Nein, er wurde von seinen eigenen Leuten, von Eidgenossen, von Bernern auf seiner Heimreise in Wichtrach, geschlagen, vom Pferd gerissen, gedemütigt und mit extrem grosser Brutalität zu Tode geschlagen. Ihm war der ehrenhafte Tod auf dem Schlachtfeld nicht vergönnt. Er wurde ein Mordopfer seiner eigenen Soldaten. So eine Schandtat kann auch eine Lüge auf einer Gedenktafel nicht wieder gut machen.

Das dritte Wort „verwirrte Zeit“ ist der Wahrheit am nächsten. Es war eine verwirrte Zeit. Von der Berner Regierung mitverursacht, von den feudalen Bernern toleriert und von einem Teil der Bevölkerung mitgetragen. Ob die Autoren des Textes auf der Gedenktafel mit der Aussage „verwirrte Zeit“ auch die brutale Ermordung von General von Erlach, von Eidgenossen ausgeführt, in Betracht zogen, kann ich nicht beurteilen. Jedoch zeugt es einmal mehr von der verwirrten Zeit, welche in der uneinigen, zerstrittenen Eidgenossenschaft herrschte. Eine Gedenktafel für eine Person, welche durch eine Schandtat gerichtet wurde, und mit einer Lüge wird versucht, diese zu vertuschen. Mit dem Wort Schandtat meine ich nicht nur die Ermordung von General von Erlach, sondern auch das Davonschleichen der Eidgenössischen Orten vor der Schlacht am Grauholz.

Und doch sind die Namen der Opfer von 1798 nicht vergessen. In der Steiger Kapelle im Berner Münster besteht die Möglichkeit, die Namen der Opfer zu lesen. Mögen diese schwarzen Marmortafeln sprechen. Mögen diese Namen der Soldaten, welche dem Vaterland getreu bis in den Tod dienten, die Ehre zukommen, die ihnen gebührt. Und mögen diese Namen laut ausgesprochen werden. Wer den Namen eines Verstorbenen laut ausspricht, „erweckt“ diesen für eine kurze Zeit zum Leben. Ich habe die Namen Hans Maibacher, Jacob Barben und Christian Wittwer laut ausgesprochen. Ein einmaliges Erlebnis, lasst euch das nicht entgehen.

Jedoch liegen auch bei diesem Denkmal Wahrheit und Lüge nahe beieinander. Auf der ersten der sechs Gedenktafeln des 1824 errichteten Denkmals für die Gefallenen von 1798 steht die Inschrift: *„Dem Andenken der im Unglücksjahr MDCCXCVIII. für das Vaterland gefallenen“*. Der oberste Namen lautet: *„von Erlach, Carl Ludwig, v. Hindelbank, v. Bern, General“*. Jedoch war Oberst Von Erlach nicht im Kampfe gefallen, er starb nicht auf dem Schlachtfeld, wurde auch nicht verwundet, sondern wurde auf der Heimreise nach der Schlacht am Grauholz von Eidgenossen in Wichtrach erschlagen.

Im Jahr 1886 wurde auf Anregung des kantonalen Bernischen Offiziersverein das Grauholzdenkmal errichtet. Neben der Aufschrift, „Den treuen Verteidigern des Vaterlandes unter General von Erlach im unglücklichen Kampfe gegen fremde Übermacht 5. März 1798“, sind zwei Worte zu finden, die eine enorm wichtige Aussage beinhalten: **„SEID EINIG“**. Bei meinem Besuch beim Grauholzdenkmal bin ich mehrmals um das Monument geschritten und versuchte die Inschriften zu verstehen. Die ersten Worte „Den treuen Verteidigern“ sagen sehr viel aus. Das Denkmal wurde denen errichtet, welche tapfer für die Stadt Bern kämpften. Jedoch nur diesen? Allen, die vor der Schlacht geflohen waren und das waren sehr viele, soll dies Denkmal ein „Schandpfahl“ sein. Jeder, der auf der Autobahn von Zürich herkommend bei Schönbühl nach dem leichten Anstieg rechts das Grauholzdenkmal sieht, soll sich seine Gedanken zu einer Eidgenossenschaft machen, die weder das Wort „Eid“ noch das Wort „Genossenschaft“ verdient hat. Und dann stellt sich noch die Frage, ob die „treuen Verteidiger“ auch die Mörder ihres General von Erlach waren. Auch die beiden Worte „fremde Übermacht“ irritierten mich, war es doch für die Eidgenossen eher ungewöhnlich, gegen Fremde zu kämpfen. Die meisten Auseinandersetzungen wurden doch meistens innereidgenössisch ausgefochten. So ist es auch nicht verwunderlich, dass die Eidgenossen bei einer Schlacht, bei der es um alles ging, nicht miteinander gegen die fremde Übermacht ihren Mann standen, sondern die Flucht ergriffen. So bekommen die Worte „SEID EINIG“ eine gewaltige Aussagekraft. Seid einig! Seid einig und haltet zueinander. Seid einig, wenn eine grosse Übermacht ein Gebiet der Eidgenossenschaft bedroht. Seid einig und steht wie ein Mann zusammen.

Nun möchte ich jedoch weiter der Frage nachgehen, ob denn die Denkmäler wirklich lügen und ob lügen das richtige Wort ist. Müsste ich das Wort „lügen" mit Heldensuche, Geschichtserfindung, Geschichtswunsch oder Politik austauschen?

Als Geschichtswunsch oder Geschichtserfindung kann auch der erste Abschnitt des „Verfassungsgeschichtlicher Überblick" der Bundesverfassung von Prof. Dr. Ed. Von Waldkirchen, Bern angesehen werden. So lesen wir auf Seite 7: *Erst der Sonderbundskrieg vermochte die Angelegenheit der Bundesrevision zur Reife bringen. Schon bevor es zur bewaffneten Auseinandersetzung kam, beschlossen 13 Stände am 16. August 1847, eine neue Revisionskommission zu bestellen. Nach der raschen Durchführung des Feldzuges (13. -25. November), der mit dem Siege der Eidgenössischen Armee endigte, wurde die Kommission auf 23 Mitglieder erweitert.*[32] Da stellt sich die Frage, welche eidgenössische Armee nun siegte? War doch der Sonderbundskrieg ein Bürgerkrieg, Eidgenossen gegen Eidgenossen. Zum Sonderbundskrieg kam es, weil die Spannung zwischen den liberalen (Eidgenossen) und den katholischen (Eidgenossen) zu kriegerischen Auseinandersetzungen führten. Nach einem kurzen von General

[32] Bundesverfassung der Eidgenossenschaft, vom 29. Mai 1874, Herausgegeben von der Schweizerischen Bundeskanzlei, 1972

Dufour geführten Feldzug kapitulierten die Katholiken.

Jedoch schon im Jahr 1481, so wird erzählt, konnte Niklaus von Flüe mit seiner Vermittlung die drohende Spaltung der Eidgenossenschaft verhindern. Es dauerte nicht lange, bis die Glaubensspaltung auch die damalige Eidgenossenschaft spaltete. Zwingli und Calvin verbreiteten das neue Gedankengut und spalteten sich in zwei konfessionelle Lager, die einander erbittert bekämpften. In den beiden Kappeler Kriegen wurden die reformierten Orte von den katholischen besiegt. Im Jahr 1653 begannen nach dem dreissigjährigen Krieg die Bauernaufstände, die von der Obrigkeit mit aller Härte niedergeschlagen wurde. Und im zweiten Villmergerkrieg 1712 besiegten die reformierten Orte die katholischen. Nach inneren Unruhen mit mehreren Staatsstreichen gab Napoleon der Schweiz 1803 eine Mediationsverfassung. Am Wiener Kongress 1814/15 erkannten die europäischen Grossmächte die immerwährende Neutralität der Schweiz an. Zwischen 1830 bis 1847 bekämpften sich die liberalen Kantone, die die Gründung eines Gesamtstaates anstrebten, mit den konservativen Kantonen. So konnte nach dem Sieg der liberalen Kräfte ein liberaler Bundesstaat gegründet werden, ein Bundesstaat mit einer Verfassung. Einer Verfassung, die das Datum 12.

September 1848 trägt, die Geburtsstunde des zur Ruhe gekommenen Staates Schweiz.

Bis zu diesem Tag kann, so wie ich es sehe, von keiner Eidgenossenschaft gesprochen werden. Von einem Staat, der den Namen „Schweiz" mit Würde tragen darf, kann erst ab dem 12. September 1848 die Rede sein. Somit hätten wir allen Grund, diesen Tag als unseren Nationalfeiertag zu begehen und zu feiern. Jedoch sind viele Denkmäler, die versuchen, an etwas zu erinnern, was nie stattgefunden hat, mit dem 1. August zu vergleichen, einem Nationalfeiertag, der auch einen fragwürdigen Hintergrund hat. In der Schweiz stehen viele Denkmäler, die einen geschichtlichen- politischen- oder religiösen Hintergrund haben. Die Frage ist nur, wieviel Wahrheit und tatsächliche Ereignisse waren der Grund zu deren Errichtung.

Unter die Rubrik Heldensuche kann das Telldenkmal in Altdorf, Morgarten in Sattel, Drei Eidgenossen in Bern und das Winkelrieddenkmal in Stans eingestuft werden. Alles Geschichtserfindungen, für die es keine gesicherten Quellen gibt. Dem gegenüber steht das Löwendenkmal in Luzern, welches der massakrierten Söldnern gedenkt, die am 10. August 1792 beim Schloss der Tuilerien auf brutalste Weise niedergemetzelt wurden. Ein Ereignis, welches jeder Quellenkritik standhält. So auch der Schillerstein, am Vierwaldstättersee, der dem Dichter des Dramas Wilhelm Tell gewidmet ist.

Ich will nun aber nicht die Aussagen der Denkmäler im Allgemeinen in Frage stellen. In Zürich gibt es ein Denkmal, das eine klare Aussage macht und vom Künstler wahrheitsgetreu gestaltet wurde. *In Zürich wurde dem Reformator Huldrich Zwingli ein monumentales Denkmal errichtet. Dem Zwingli, der mitschuldig am Tod von Felix Manz war. Mitschuldig an vielen Verbannungen, Folterungen und grauenhaften Hinrichtungen von Menschen, die nur nach dem Wort leben und handeln wollten. Auf diesem Denkmal wird Zwingli mit Schwert und Bibel dargestellt. Wie ist nun diese Darstellung zu deuten? Sein Blick geht geradeaus in die Stadt. Er hält die geschlossene Bibel in der Hand und schaut über diese hinweg. Festgeklammert hält er in der anderen Hand das Schwert. Das Schwert, mit dem auch in seinem Wissen viele Gläubige und bibeltreue Menschen hingerichtet wurden.*[33] Dieses Denkmal lügt nicht, es zeigt klar und deutlich die Wahrheit. Wie auch viele andere Monumente, die zum Denken, zum Nachdenken anregen sollen. Darum heissen diese Anschauungsobjekte auch „Denkmal“! Denk mal! Es soll zum Denken, zum Nachdenken einladen. Zum Fragen und Hinterfragen. Es wird niemand

[33] Arthur Maibach, Eine Hinrichtung in Einigen, RediromaVerlag, 2017, Seite 47

gezwungen zu glauben, was ein Denkmal für eine Aussage machen möchte. Es will auf etwas hinweisen. Auf etwas, das Menschen, Politiker, Historiker und Künstler für so wichtig hielten, dass ein Ereignis oder eine Begebenheit vor dem Vergessen bewahrt bleibt. Jedoch können Denkmäler auch instrumentalisiert werden, um politische, religiöse und pseudohistorische Aussagen zu bekräftigen. Aussagen, welche mit Sicherheit ein kleines Körnchen Wahrheit beinhalten, jedoch mit viel Fantasie und Wunschdenken dem Betrachter seine Meinung zu vermitteln versucht.

Möge es gelingen, dass die Worte dieses schmalen Buches zum Nachdenken anregen, zum Hinterfragen und Prüfen von Aussagen, welche uns im Geschichtsunterricht vermittelt wurden. Aber auch genau hinzuhören, was Politiker von sich geben, den Mut zu haben sich selbst eine Meinung zu bilden und auch zu dieser zu stehen.

Bibliografie

Ungedruckte Quellen

Taufbuch Einigen, Archiv Spiez

Taufbücher 1595-1726, 1727-1727, 1775, 1776-1807, Staatsarchiv des Kantons Bern, K Spiez 1. 2. Und 3.

Archiv Spiez, Bd. 1 Tabl. 6 Akt.- No. 78

Totenrodel 1752 1800, Staatsarchiv des Kantons Bern K Spiez 14

Gedruckte Quellen

Duden, das Herkunftswörterbuch, 4. Auflage, Dudenverlag Mannheim-Zürich 2007

Wilfried Danner, Geschichtliche Weltkunde, Bd. 2, Quellenbuch, Frankfurt/M 1980 (SGD, GAB02)

Wolfgang Fridrich von Mülinen, Das französische Schweizer- Garderegiment am 10. August 1792, Luzern, Druck und Verlag von Gebrüder Räber, 1892

Major Dr. Badertscher, in Bern, Die Märztage des Jahres 1798, herausgegeben von Dr. Hans Balmer in Bern, Verlag von Schmid & Franke, Bern 1898

Carl Müller, Die letzten Tage des alten Bern, Kommissionsverlag von Nydegger & Baumgart, Bern, 1886

Eduard Bähler, Die letzten Tage des alten Bern im Kampfe gegen Brunes Armee 1798, (3. Auflage des „Tag von Neuenegg") Biel, Verlag von Ernst Kuhn, 1895

Berner Taschenbuch 1855

Berner Taschenbuch 1856

J. Rud. Wyss Prof., Reise ins Berner Oberland, bey J.J. Burgdorfer Bern, 1816

Hans Gustav Keller, Einigen, Druck und Verlags-anstalt Adolf Schaer, Thun, 1946

Bundesverfassung der Schweizerischen Eidgenossenschaft, vom 29. Mai 1874 mit den Änderungen bis 31. Dezember 12971, herausgegeben von der Schweizerischen Bundeskanzlei 1972

Arthur Maibach, Eine Hinrichtung in Einigen, RediromaVerlag, 2017

Internet-Seiten

Pierre Aerni, http://www. Sauterns-art.ch/sub80.htm

Von Arthur Maibach erschienene Veröffentlichungen

Im Novum Verlag:
Ein Schriftsteller zwischen Wien, Hollywood und Einigen, 2008
Eine Hommage an Hans Müller Einigen

Im Weber Verlag:
Einigen der schönste Punkt der Welt, 2010

Im Rediroma-Verlag:
Katzenstein, 2015
Ein Entmythlologisierung des Kindlisteins und ein Mahnmahl der Frauenunterdrückung

Spiezer Winzer in der Pfalz, 2016
Und Massenauswanderung aus dem Berner Oberland

Der Wunderbrunnen von Einigen, 2016
Und die Wallfahrt am Thunersee

Eine Hinrichtung in Einigen, 2017
Und Reformation kontra Täufer

Lilie des Todes, 2017
Uhren-, Zeit- und andere Geschichten, Anekdoten aus meinem Uhrenatelier

Der Autor

Arthur Maibach, 1953, Genealoge und Buchautor, lebt und arbeitet in Einigen am Thunersee. Akademiestudium der Geschichte, FernUni Hagen. Lehrgang „Geschichte im Zeitspiegel“, mit Abschlusszeugnis, Studiengemeinschaft Darmstadt. Lehrgang „Ahnenforschung professionell gemacht“, mit Abschlusszeugnis, SGD. Er ist Verfasser einer Biografie (Hans Müller Einigen), des Heimatbuches „Einigen der schönste Punkt der Welt“, verschiedener Texte in Büchern und Zeitschriften, der Reihe „Spiezer Veröffentlichungen für Geschichte und Heimatkunde“ und der Reihe „Genealogisch-Historische Veröffentlichungen“.